U0919926

物流管理专业新形态精品系列教材

电子商务物流

龚 英 编著

重庆市“三特行动计划”物流管理市级特色专业项目
教育部人文社会科学规划项目（16YJAZH012） 资助
重庆市社会科学规划项目（2018YBGL072）

科学出版社
北京

内 容 简 介

本书首先从电子商务的重要性及电子商务的基本类型入手，介绍电子商务物流发展的基本情况，从电子商务物流体系基本情况、电子商务物流仓储体系、电子商务物流配送体系等方面阐述电子商务物流的体系架构；其次对电子商务与实体店模式的物流进行对比，使大家充分认识到电子商务物流与实体店物流的不可分割性；再次从生鲜电商冷链物流、农村电商物流、跨境电商物流等方面充分展现各个领域电子商务物流的特征与运作实务；最后列举各大电商企业和物流企业在电商智慧物流方面的具体措施，并提出电商物流的演变趋势。

本书适合本科、高职高专的物流专业、电商专业、国贸专业、经贸专业、管理专业等经管类专业，也同样适合从事电商和物流实际工作的人员，具有广泛的读者基础。

图书在版编目（CIP）数据

电子商务物流/龚英编著. —北京：科学出版社，2019.3
物流管理专业新形态精品系列教材
ISBN 978-7-03-059081-7

Ⅰ. ①电…　Ⅱ. ①龚…　Ⅲ. ①电子商务—物流管理—高等学校—教材　Ⅳ. ①F713.365.1

中国版本图书馆 CIP 数据核字（2018）第 235076 号

责任编辑：郝　静/责任校对：王丹妮
责任印制：霍　兵/封面设计：蓝正设计

科学出版社出版
北京东黄城根北街 16 号
邮政编码：100717
http://www.sciencep.com
北京市密东印刷有限公司印刷
科学出版社发行　各地新华书店经销
*
2019 年 3 月第　一　版　开本：787 × 1092　1/16
2019 年 3 月第一次印刷　印张：7 1/4
字数：166 000

定价：38.00 元
（如有印装质量问题，我社负责调换）

目　　录

电子商务物流概述

随着电子商务[①]（electronic commerce，EC）在经济社会生活各个领域的加快渗透，以及迅速增长的网络交易规模对实体经济影响力的彰显，对电子商务的经济属性、经济价值的研究，以及由此产生的对电商物流的研究引起了人们的广泛关注。

第一节　电子商务概述

一、电子商务定义

电子商务通常是指在全球各地广泛的商业贸易活动中，在互联网开放的网络环境下，基于浏览器/服务器的应用方式，利用计算机技术、网络技术和远程通信技术，实现整个商务过程中的电子化、数字化和网络化。

电子商务在不同国家和不同领域有不同的定义，但其关键依然是依靠电子设备和网络技术进行的商业模式。随着电子商务的高速发展，它已不仅仅包括其购物的主要内涵，还应包括物流配送等附加服务。电子商务包括电子货币交换、供应链管理、电子交易市场、网络营销、在线事务处理、电子数据交换（electronic date interchange，EDI）、存货管理和自动数据收集系统。在此过程中，利用到的信息技术包括互联网、电子邮件、数据库、电子目录和移动电话。

电子商务有广义和狭义之分。广义的电子商务是指使用各种电子工具从事商务活动；狭义电子商务是指主要利用互联网从事商务或活动。无论是广义的还是狭义的电子商务的概念，电子商务都涵盖了两个方面：一是离不开互联网这个平台，没有了网络，就称不上为电子商务；二是通过互联网完成的是一种商务活动[1]。联合国国际贸易程序简化工作组对电子商务的定义是：采用电子形式开展商务活动，它包括在供应商、客户、政府及其他参与方之间通过任何电子工具，如 EDI、Web 技术、电子邮件等共享非结构化商务信息，管理和完成在商务活动、管理活动和消费活动中的各种交易。

① 根据具体语境称为电子商务或简称为电商。

二、电子商务的重要性

随着信息技术的发展，信息的传递速度突破了时间和地域的局限，网络化与全球化成为一种不可避免的世界趋势。

电子商务是一个发展潜力巨大的市场，极具发展前景。电子商务双向信息沟通、灵活的交易手段和快速的交货方式等特点，将给社会带来巨大的经济效益，促进整个社会的生产力提高。电子商务的广泛推广，打破了时空限制，改变了贸易形态，大大加速了整个社会的商品流通。

1. 电子商务促进经济结构转型

从理论上厘清了电子商务经济的本质和发展方向，并与近年来的实践相结合，有助于我国更好地把握新经济时代互联网、电子商务等新兴经济形态的发展政策，也有助于行业、企业看清发展道路，实现跨越式发展，从而实现我国经济转型和产业结构升级。

电子商务服务业直接促进我国现代服务业发展。从电子商务服务业生态来看，物流配送、电子支付、电子认证、IT 服务、数据挖掘、网络营销、客服外包、即时通信等几乎都属于这里所定义的现代服务业的内容。即使是最为传统原始的快递、物流配送，无论是从电商平台企业自身搭建的物流系统还是第三方物流（third-party logistics，3PL）来看，也都建立在信息技术业务系统之上，不仅商品本身已经基于二维码、条形码进行了物品编码，而且可以在电商平台实时查询、跟踪商品流通过程，并通过 POS 机或是事先通过网络银行或第三方电子支付平台进行支付。毫无疑问，这些现代服务业将随着电子商务经济的发展而不断壮大，在整个服务业中的比重也将不断提高。

电子商务应用加速传统产业创新发展。电子商务经济正在促进传统制造业的各个阶段发生变革。

第一，电子商务经济使得制造业的研发呈现出全球化的发展趋势。电子商务平台让全国甚至是全球同类产品同台亮相，性价比成为网上购物者购买决策的重要因素。制造业企业必须根据电子商务行情跟踪国内、国际市场产业发展趋势，并进行内部产品研发、设计、制造，从而使企业能够根据国际市场变化不断调整产品生产方向与行业选择[2]。

第二，电子商务促进企业内部信息化转型，升级“两化融合”。多年以来，企业投入大量资金建设内部管理信息系统、生产制造业务流程管理系统等，这些虽然能够提升企业生产制造的整体技术水平，但是同信息化之前相比，企业与市场供求关系并没有发生显著的变化，企业与市场的联系仍然不够紧密，甚至存在着“企业虽然进行了大量 IT 投资却难以获得更好的经济效益”的情况，这也就是所谓的“索洛悖论”。企业内部信息系统接入电子商务平台之后，企业的生产制造与产品产量进一步与市场联系在一起，此时市场才算真正在引导企业的发展方向。特别是基于电子商务平台所提供的大数据分析工具，企业能够及时根据市场行情变化生产为消费者量身定做的产品，从而拉动企业的柔性制造进程。电子商务化是企业信息化的“最后一公里”，电子商务化将进一步深化企业信息化发展进程，推动“两化融合”纵深发展，并从根本上扭转当前产能过剩的困境。

第三，电子商务促进产业链的优化组合。电子商务，尤其是B2B（business-to-business，企业对企业）将进一步促进上下游企业之间的供求关系，围绕最终产品的生产制造在整个产业链上优化重组，从而促进产业分工，加速产业集聚，优化资源配置效率。这也是当前我国电子商务园区发展的方向。

电子商务优化产业组织结构，改善产业发展环境。当前，我国的B2B正在向B2C（business-to-customer，商对客）模式转变，同时大型企业的综合自营类网站逐渐向第三方平台发展。在一个大规模的网络平台中，各类规模体量不同的企业都被置于同一市场竞争环境之中，中小型公司能够与集团化、规模化的大公司在同等市场竞争条件下进行比量，因此，一些传统行业，如金融、保险行业等所固有的垄断局面就将因为电子商务的进一步发展而被打破。有关余额宝挑战银行业的现象即这种趋势的具体体现。

2. 电子商务促进中国经济发展

电子商务对中国经济有巨大的推动作用。以美国为例，美国最大的零售百货超市沃尔玛，在成立后不久就主动改变策略，跳过供应商，直接向厂家低价大量采购商品，此举极大地带动了美国实体经济的发展。今天，中国的网店，大量从工厂直接下单，自主化定制产品，同样极大地带动了中国实体经济的发展。数据显示，前后10年时间，中国的零售总额消费增长了将近5倍。在推动整个社会消费、推动整个中国经济高速增长方面，电商的作用极为显著。

过去，我们买到商品，最少需要经历四步：厂家、省级代理商、地方批发商、卖家。步骤越多，意味着消费者购买的花费越多，购买的时间越久，厂家的订单也就越少。多环节的代理商、批发商制度和缓慢的物流，使得过去我国全民的消费能力一直上不去，阻碍了国家的经济增长。

但是，电子商务让一切发生了改变。它让任何人都可以直接在网上买到商品，商品也可以直接销往全国甚至全球，也增加了物流行业的快递工作岗位。如今，政府呼吁发展新经济，电子商务作为中国新时代的新经济代表，必定处于非常重要的地位。而推动电子商务发展的基础因素——物流，将再迎来飞跃式的发展。

第二节　电子商务基本类型

电子商务的基本类型主要有B2B、B2C、C2B（customer to business，消费者到企业）、C2C（customer to customer，个人对个人）、O2O（online to offline，线上到线下）、B2G（business-to-government，企业到政府）[3]。

一、B2B行业网站经营模式

B2B是指企业与企业之间通过专用网络或互联网，进行数据信息的交换、传递，开展交易活动的商业模式。它将企业内部网和企业的产品及服务，通过B2B网站或移动客户端与客户紧密结合起来，通过网络的快速反应，为客户提供更好的服务，从而促进企业的业务发展。

中国比较成功的 B2B 网站却并非所有都是在线交易模式，尤其是 B2B 行业网站，许多都没有做在线交易，更多是以基于交易为目的的网络营销推广和打造品牌知名度。

根据对当前比较成功的 B2B 行业网站的分析研究，总结了五种 B2B 行业网站经营模式，以及相应的组合方案。

（1）以提供产品供应采购信息服务为主要经营模式的 B2B 行业网站。这类网站要建立分类齐全、产品品种多、产品参数完善、产品介绍详细的产品数据库，尤其是要注重产品信息的质量，要不断更新，及时发布更多最新、最真实、最准确的产品信息，全面提升采购体验，吸引更多采购商和供应商来网站发布信息、浏览查找信息。其主要是向中小供应商企业收取会员费、广告费，以及竞价排名费、网络营销基础服务费等。

（2）以提供加盟代理服务为主要经营模式的 B2B 行业网站。产品直接面对消费者的企业，一般会找加盟商、代理商来销售产品，一般这种企业的经营模式为“设计+销售”类型或“设计+生产+销售”类型。此类网站都是围绕品牌公司、经销商的需求来设计功能和页面，如服装网站，就要做好动态、图库、流行趋势等行业资讯内容，全面收集服装品牌信息，建立数量大、准确度高的加盟商、代理商数据库。这类网站的盈利模式主要是收品牌企业的广告费、会员费，尤其是广告费会占大部分比例。

（3）以提供生产代工信息服务为主要经营模式的 B2B 行业网站。以生产外包服务为主的行业具有的特点：此类 B2B 行业网站盈利模式为收工厂的费用，为工厂寻找更好的订单，可以提供实地看厂拍照，确保收费的主推工厂生产实力信息的真实、丰富和准确性。

（4）以提供小额在线批发交易服务为主要经营模式的 B2B 行业网站。经营这类网站，要非常了解零售商的需求，要建立完善的在线诚信体系，完善的支付体系，产品种类丰富、信息详细，当前综合、大行业的网站更易成功。

（5）以提供大宗商品在线交易服务为主要经营模式的 B2B 行业网站。这类网站的盈利模式主要是收取交易佣金、提供行业分析报告、举办行业会议等。买卖双方诚信审核、支付的安全性、物流的快捷等，可采用第三方合作伙伴来解决，要进入这类网站首先要选好行业，其次门槛也比较高，可以在一些新兴的市场发展。

二、B2C 经营模式

B2C 是电子商务的一种模式，也就是通常说的直接面向消费者销售产品和服务的商业零售模式。

天猫经历了淘宝分拆，十月围城，更名天猫；京东经历了 C 轮融资 15 亿美元，组建大物流体系，大战各电子商务巨头；凡客经历了凡客体广告狂欢，产品种类扩张，公司巨额亏损。每次传出这三家公司上市的消息时都会得到行业内的激烈讨论，因为这三家巨头代表着三种 B2C 电商模式，这三种 B2C 电商模式各有优势。

1. 为人服务做平台

这种模式的代表是天猫。虽然名字改了，但是天猫在 B2C 行业的领先地位还是无人能敌。天猫商城的模式是做网络销售平台，卖家可以通过这个平台卖各种商品，这种模式类似于现实生活中的购物商场，主要是为商家提供销售的平台。天猫商城不直接参与卖任何商品，但是商家在做生意的时候要遵守天猫商城的规定，不能违规，否则会被处罚。如果这家网络“购物商场”想赚更多的钱，就会提高租金，如果不交就会被赶到（淘宝）集市上摆摊。而一些不服管制的商家就会和这个商场的负责人理论。这就是天猫商城，与我们现实生活中的购物商场类似。

这种模式的优势是平台足够大，想卖什么就卖什么，前提是没有违法违规。商城负责维护这个平台的建立，而商户只管做自己的生意，盈亏要自负，与商城没有关系。不过不管生意如何都要交一定的场地费。如果想做推广可以在商城内做广告，搞促销活动，这些都是商户自愿的经营行为。商城负责竖立好自己的形象，能吸引足够多的消费者就够了，收入就能够稳定，而商家想卖什么都可以（不违法违规），盈亏自负。这种模式的优势在于可以随着市场变动，商户自行对市场做出反应，不需要商城去担忧。市场自由，没有太多条件限制，扩充性强。这种模式对于商城与商户都很稳定，除了一些管理上的纠纷，市场经营方面不发生利益冲突。总的来说，这种模式的优点在于收入稳定，市场灵活，商城不用花太多心思去管理各种产品的经营，而缺点在于盈利可能偏低，商城的战略变动可能会受到商城内部商户的抵制，内部纠纷会比较多。不过这种模式更被商户喜爱，因为商户可以在这个平台上获得利润，而京东的模式却是这些商户的敌人。

2. 自主经营卖产品

这类电商又被称为自营电商，是一种电子商务模式，其特征是以标准化的要求，对其经营的产品进行统一生产或采购、产品展示、在线交易，并通过物流配送将产品投放到最终消费群体。国内电子商务发展到今天，这种基于互联网的网上交易活动因其自身特点和商业需要衍生出很多模式，自营电商（自营式电商）经过一定的发展成功塑造了商城的强有力的品质和售货保障形象，加强了电商对商品来源、商品质量、商品供应及物流配送的管控能力，实现了商品的垂直化供应，使终端消费方获得更加优质的产品和服务。自营电商的特征如下。

（1）品牌力强：自营电商不同于其他开放类电商平台，不易受到开放类电商平台产品来源不一、产品质量良莠不齐等问题的困扰。自营电商通常量身制定符合自我品牌诉求和消费者需要的采购标准，来引入、管理和销售各类品牌的商品，以众多可靠品牌为支撑点，突显出自身品牌的可靠性，将电商本身打造成为极具价值的品牌。

（2）产品质量可控：自营电商为保证网上交易过程中消费者对交易关键环节的满意程度，会制定系统的商品准入标准和品牌引进原则，提高产品进驻门槛，以此来规范互联网环境下电子商务卖方市场的诚信经营和产品质量问题。

（3）全交易流程管理体系完备：自营电商在最近几年的发展可谓突飞猛进，在商品的引入、分类、展示、交易、物流配送、售后保障等整个交易流程各个重点环节管理均发力布局，正在形成系统的理论支持，通过强大的互联网 IT 系统管理，建设大型仓储物流体系实现对全交易流程实时管理，这种现象使得自营电子商务逐渐发展成拥有完善的生态系统的独立个体。

三、C2B 经营模式

C2B 是互联网经济时代新的商业模式。这一模式改变了原有生产者（企业和机构）和消费者的关系，是一种消费者贡献价值，企业和机构消费价值的模式。C2B 模式和我们熟知的供需模式恰恰相反。

真正的 C2B 应该先有消费者需求产生而后有企业生产，即先有消费者提出需求，后有生产企业按需求组织生产。通常情况为消费者根据自身需求定制产品和价格，或主动参与产品设计、生产和定价，产品、价格等彰显消费者的个性化需求，生产企业进行定制化生产。

C2B 的核心是以消费者为中心，消费者当家做主。从消费者的角度看，C2B 产品应该具有以下特征：第一，相同生产厂家的相同型号的产品无论通过什么终端渠道购买价格都一样，也就是全国人民一个价，渠道不掌握定价权（消费者平等）；第二，C2B 产品价格组成结构合理（拒绝暴利）；第三，渠道透明（O2O 模式拒绝山寨）；第四，供应链透明（品牌共享）。

按定制主体和定制内容两个维度将 C2B 分为五类，分别是群体定制价格、个体定制价格、群体定制产品、个体定制产品和混合型。

如果从实现难度及层级来看，C2B 存在的模式有如下几种。

（1）聚定制。通过聚合客户的需求组织商家批量生产，让利于消费者。其流程是提前付定金抢占优惠价名额，然后在活动当天付尾款，这是该模式最大的亮点。从预热阶段各商家预售产品的火爆程度可管窥一二，带来了极大的增量，也奠定了活动当天的成交基础。此类 C2B 模式对于卖家的意义是可以提前锁定用户群，可以有效缓解 B2C 模式下商家盲目生产带来的资源浪费，降低企业的生产及库存成本，提升产品周转率，对于商业社会的资源节约起到极大的推动作用。团购也属于聚定制的一种。

（2）模块定制。聚定制只是聚合了消费者的需求，并不涉及在 B 端产品环节本身的定制。模块定制是为消费者提供一种模块化、菜单式的有限定制，考虑到整个供应链的改造成本，为每位消费者提供完全个性化的定制还不太现实，目前能做到的更多还是倾向于让消费者去适应企业既有的供应链。

（3）深度定制。深度定制也叫参与式定制，客户能参与到全流程的定制环节中。厂家可以完全按照客户的个性化需求来定制，每一件产品都是一个独立的 SKU（stock keeping unit，最小存货单元），目前深度定制最成熟的行业当属服装类、鞋类、定制家具。以定制家具为例，每位消费者都可以根据户型、尺寸、风格、功能等完全个性化定制，对现在寸土寸金的户型来说，这种完全个性化定制最大限度地满足了消费者对于空间利用及个性化的核心需求，因此正在蚕食成品家具的市场份额。而深度定制最核心的难题是如何解决大规模生产与个性化定制相背离的矛盾。深度定制典型的代表是定制家具企业尚品宅配新居网，这家被汪洋副总理称为“这是传统产业转型升级的典范”的企业将IT技术与互联网技术进行深度整合，通过其设计系统、网上订单管理系统、条码应用系统、混合排产及生产过程系统解决了这一难题。如果是从C2B产品属性来分，可以分为实物定制、服务定制和技术定制。上文提到的服装、鞋、家具等都属于实物定制。而服务定制大家比较熟悉的就是家政护理、旅游、婚庆、会所等中高端行业。技术定制类似于3D打印技术，遍及航空航天、医疗、食品、服装、玩具等各个领域。

四、C2C（微商）经营模式

C2C是电子商务的专业用语，是个人与个人之间的电子商务。例如，一个消费者有一台电脑，通过网络进行交易，把它出售给另外一个消费者，此种交易类型就称为C2C电子商务。下面介绍这种模式的典型代表。

所谓C2C，简单来说就是基于朋友圈开店的微商，是一种源于微信生态而发展起来的、集移动与社交为一体的新型电商模式[4]，它明显区别于由供货商、厂商、品牌商搭建的微信移动商城（B2C），是微信个人客户端通过商品的社交分享、朋友圈展示及熟人推荐等方式，最终达成线上或线下销售。事实上，微信只是一种传播媒介，但由于微信的用户基数、影响力和黏性较大，因而成为微商的主要信息传播平台和营销阵地。

从所售商品来源看，C2C主要包括经销商代理人、海外代购、私人店铺销售者和自制商品销售者等，他们依靠已有的人脉优势通过微信推销商品、推广品牌、招募代理，通过熟人经济和口碑营销有效消除商品与消费者之间的隔阂，实现精准销售。从传播学视野来看，人类的传播按照传、受的范围大小可细分为四个研究层次，即内向传播、人际传播、群体传播、组织传播。

这四种传播方式中，传播的人数和范围呈递增趋势，但受众对传播者的信任程度却呈递减趋势。在大众传播呈井喷式增长、信息大爆炸的今天，受众对大众传播的具体信息均出现了不同程度的视觉和感官疲劳，体现在商品销售上就会出现高投入、低产出的尴尬情况。C2C的出现、发展正是建立在这样一个传播背景之下，它将传播的视角重新转向了受众面相对较窄的人际传播和群体传播之中，注重挖掘“移动+社交”的天然优势，以“强针对性”对抗“弱传播范围”，兼之微信用户人数众多，且微商传播入行门槛低、零月租、压货少、易执行，传播者可凭借电脑或手机客户端随时发布广告、实时反馈、达成销售，形成了一条以人际传播、群体传播为主要传播途径的新型网络电商发展之路。

五、O2O行业网站经营模式

O2O是指将线下的商务机会与互联网结合，让互联网成为线下交易的平台，这个概念最早来源于美国。O2O的概念非常广泛，既可涉及线上，又可涉及线下，可以通称为O2O[5]。

与传统的消费者在商家直接消费的模式不同，在O2O平台商业模式中，整个消费过程由线上和线下两部分构成。线上平台为消费者提供消费指南、优惠信息、便利服务（预订、在线支付、地图等）和分享平台，而线下商户则专注于提供服务。在O2O模式中，消费者的消费流程可以分解为以下五个阶段。

第一阶段：引流。线上平台作为线下消费决策的入口，可以汇聚大量有消费需求的消费者，或者引发消费者的线下消费需求。常见的O2O平台引流入口包括：消费点评类网站，如大众点评；电子地图，如百度地图、高德地图；社交类网站或应用，如微信、人人网。

第二阶段：转化。线上平台向消费者提供商铺的详细信息、优惠（如团购、优惠券）、便利服务，方便消费者搜索、对比商铺，并最终帮助消费者选择线下商户、完成消费决策。

第三阶段：消费。消费者利用线上获得的信息到线下商户接受服务、完成消费。

第四阶段：反馈。消费者将自己的消费体验反馈到线上平台，有助于其他消费者做出消费决策。线上平台通过梳理和分析消费者的反馈，形成更加完整的本地商铺信息库，可以吸引更多的消费者使用在线平台。

第五阶段：存留。线上平台为消费者和本地商户建立沟通渠道，可以帮助本地商户维护消费者关系，使消费者重复消费，成为商家的回头客。

六、B2G行业网站经营模式

B2G模式即企业与政府之间通过网络所进行交易活动的运作模式，如电子通关、电子报税等。B2G是新出现的电子商务模式，它的概念是企业和政府机关能使用中央网站来交换数据并且与彼此做生意，而比它们通常的模式更加有效。举例来说，一个提供B2G服务的网站可以提供一个单一地方的业务，为一级或多级政府（城市、州或省、国家等）来定位应用程序和税款格式；更新企业的信息；请求回答特定的问题；等等。B2G也可能包括电子采购服务，商家可以通过它了解代理处的购买需求并且对代理处的提议进行回应。B2G也可能支持虚拟工作间，在这里，商家和代理可以通过共享一个公共的网站来协调已签约工程的工作，协调在线会议，回顾计划并管理。B2G也可能包括在线应用软件和数据库设计的租赁，尤其为政府机关所使用。B2G有时也被称为电子政府。

B2G比较典型的例子是网上采购，即政府机构在网上进行产品、服务的招标和采购。这种运作模式的来源是投标费用的降低。这是因为供货商可以直接从网上下载招标书，并以电子数据的形式发回投标书。同时，供货商可以得到更多的甚至是世界范围内的投标机会。由于通过网络进行投标，即使是规模较小的公司也能获得投标的机会。

在电子政务中，政府机关的各种数据、文件、档案、社会经济数据都以数字形式存贮于网络服务器中，可通过计算机检索机制快速查询、即用即调。经济和社会信息数据是花费了大量的人力、财力收集的宝贵资源，如果以纸质存贮，其利用率极低，若以数据库文件存储于计算机中，可以从中挖掘出许多有用的知识和信息，服务于政府决策。

第三节　电子商务物流发展

电子商务物流是围绕电子商务需求衍生出的一系列物流活动，具有时效性强、服务空间广、供应链条长等特点。电商物流行业秉持创新、开放、共享理念，继续保持快速增长势头，东部、中部、西部发展良性互动，农村电商继续领跑业务量增长，跨境电商持续繁荣，物流整体运作效率有效提升，以电商物流为代表的新兴经济亮点纷呈、快速发展，已经成为消费领域最具影响力和活力的组成部分，也是推动经济增长的重要引擎。

一、电子商务物流运营

电子商务物流（又称网上物流）是基于互联网技术，推动电商交易与送货的新的物流模式；通过互联网，物流公司能够被更大范围内的货主客户主动找到，能够在全国乃至世界范围内拓展业务；贸易公司和工厂能够更加快捷地找到性价比最适合的物流公司；网上物流致力于把世界范围内最大数量的有物流需求的货主企业和提供物流服务的物流公司都吸引到一起，提供中立、诚信、自由的网上物流交易市场，帮助物流供需双方高效达成交易。目前已经有越来越多的客户通过网上物流交易市场找到了客户，找到了合作伙伴，找到了海外代理。

自营物流。自营物流又称为企业自建物流，是在电子商务刚刚萌芽，电子商务企业规模不大的时期，从事电子商务的企业多选用的方式。企业自营物流模式意味着电子商务企业自行组建物流配送系统，经营管理企业的整个物流运作过程。在这种方式下，企业也会向仓储企业购买仓储服务，向运输企业购买运输服务，但是这些服务都只限于一次或一系列分散的物流功能，而且是临时性的纯市场交易的服务，物流公司并不按照企业独特的业务流程提供独特的服务，即物流服务与企业价值链的联系松散。如果企业有很高的顾客服务需求标准，物流成本占总成本的比重较大，而企业自身的物流管理能力较强时，企业一般不应采用外购物流，而应采用自营方式。由于中国物流公司大多是由传统的储运公司转变而来的，还不能满足电子商务的物流需求，因此，很多企业借助于它们开展电子商务的经验也开展物流业务，即电子商务企业自身经营物流。目前，在中国，采取自营模式的电子商务企业主要有两类：第一类是资金实力雄厚且业务规模较大的电子商务公司，电子商务在中国兴起的时候，国内第三方物流的服务水平远不能满足电子商务公司的要求。第二类是传统的大型制造企业或批发企业经营的电子商务网站，由于其自身在长期的传统商务中已经建立起初具规模的营销网络和物流配送体系，在开展电子商务时只需将其加以改进、完善，就可满足电子商务条件下对物流配送的要求。选用自营物流，可以使企业对物流环节有较强的控制能力，易于与其他环节密切配合，全力专门地服务于该企业的运营管理，使企业的供应链更好地保持协调、简洁与稳定。此外，自营物流能够保证供货的准确和及时，保证顾客服务的质量，维护了企业和顾客间的长期关系。但自营物流所需的投入非常大，建成后对规模的要求很高，规模大才能降低成本，否则将会长期处于不盈利的境地。而且投资成本较高、时间较长，对于企业柔性有不利影响。另外，自建庞大的物流体系，需要占用大量的流动资金。更重要的是，自营物流需要较强的物流管理能力，建成之后需要工作人员具有专业化的物流管理能力。

物流联盟。物流联盟是制造业、销售企业、物流企业基于正式的相互协议而建立的一种物流合作关系，参加联盟的企业汇集、交换或统一物流资源以谋取共同利益；同时，合作企业仍保持各自的独立性。物流联盟为了达到比单独从事物流活动取得更好的效果的目标，在企业间形成了相互信任、共担风险、共享收益的物流伙伴关系。企业间不完全采取导致自身利益最大化的行为，也不完全采取导致共同利益最大化的行为，只是在物流方面通过契约形成优势互补、要素双向或多向流动的中间组织。联盟是动态的，只要合同结束，双方又变成追求自身利益最大化的单独个体。选择物流联盟伙伴时，要注意物流服务提供商的种类及其经营策略。一般可以根据物流企业服务的范围和物流功能的整合程度这两个标准，确定物流企业的类型。物流企业服务的范围主要是指业务服务区域的广度、运送方式的多样性、保管和流通加工等附加服务的广度。物流功能的整合程度是指企业自身所拥有的提供物流服务所必要的物流功能的多少，必要的物流功能是指包括基本的运输功能在内的经营管理、集配、配送、流通加工、信息、企划、战术、战略等各种功能。一般来说，组成物流联盟的企业之间具有很强的依赖性，物流联盟的各个组成企业明确自身在整个物流联盟中的优势及扮演的角色，内部的对抗和冲突减少，分工明晰，使供应商把注意力集中在提供客户指定的服务上，最终提高了企业的竞争能力和竞争效率，满足企业跨地区、全方位物流服务的要求。

第三方物流。第三方物流是指独立于买卖之外的专业化物流公司，长期以合同或契约的形式承接供应链上相邻组织委托的部分或全部物流功能，因地制宜地为特定企业提供个性化的全方位物流解决方案，实现特定企业的产品或劳务快捷地向市场移动，在信息共享的基础上，实现优势互补，从而降低物流成本，提高经济效益。它是由相对第一方发货人和第二方收货人而言的第三方专业企业来承担企业物流活动的一种物流形态。第三方物流公司通过与第一方或第二方的合作来提供其专业化的物流服务，它不拥有商品，不参与商品买卖，而是为顾客提供以合同约束、以结盟为基础、系列化、个性化、信息化的物流代理服务。服务内容包括设计物流系统、EDI 能力、报表管理、货物集运、选择承运人、货代人、海关代理、信息管理、仓储、咨询、运费支付和谈判等。在国内，第三方物流企业一般都是具有一定规模的物流设施设备（库房、站台、车辆等）及专业经验、技能的批发、储运或其他物流业务经营的企业。第三方物流是物流专业化的重要形式，它的发展程序体现了一个国家物流产业发展的整体水平。第三方物流是一个新兴的领域，企业采用第三方物流模式对于提高企业经营效率具有重要作用。首先，企业将自己的非核心业务外包给从事该业务的专业公司去做；其次，第三方物流企业作为专门从事物流工作的企业，有丰富的专门从事物流运作的专家，有利于确保企业的专业化生产，降低费用，提高企业的物流水平。目前，第三方物流的发展十分迅速，有几个方面是值得我们关注的：第一，物流业务的范围不断扩大。商业机构和各大公司面对日趋激烈的竞争，不得不将主要精力放在核心业务上，将运输、仓储等相关业务环节交由更专业的物流企业进行操作，以求节约和高效。另外，物流企业为提高服务质量，也在不断拓宽业务范围，提供配套服务。第二，很多成功的物流企业根据第一方、第二方的谈判条款，分析比较自理的操作成本和代理费用，灵活运用自理和代理两种方式，提供客户定制的物流服务。第三，物流产业的发展潜力巨大，具有广阔的发展前景。

第四方物流。第四方物流是指通过对物流资源、物流设施和物流技术的整合与管理，提出物流全过程的方案设计、实施办法和解决途径的业务模式。第四方物流是在第三方物流基础上进化和发展起来的。目前，第四方物流在中国还停留在仅是“概念化”的第四方物流公司，南方的一些物流公司、咨询公司甚至软件公司纷纷宣称自己的公司就是从事“第四方物流”服务的公司。这些公司将没有车队、没有仓库当成一种时髦，号称拥有信息技术，其实却缺乏供应链设计能力，只是将第四方物流当作一种商业炒作模式。第四方物流公司应物流公司的要求为其提供物流系统的分析和诊断，或提供物流系统优化和设计方案等。所以第四方物流公司以其知识、智力、信息和经验为资本，为物流客户提供一整套的物流系统咨询服务。它从事物流咨询服务就必须具备良好的物流行业背景和相关经验，但并不需要从事具体的物流活动，更不用建设物流基础设施，只是对于整个供应链提供整合方案。第四方物流的关键在于为顾客提供最佳的增值服务，即迅速、高效、低成本和个性化服务等。第四方物流有众多的优势：第一，它对整个供应链及物流系统进行整合规划。第三方物流的优势在于运输、储存、包装、装卸、配送、流通加工等实际的物流业务操作能力，但在综合技能、集成技术、战略规划、区域及全球拓展能力等方面存在明显的局限性，特别是缺乏对整个供应链及物流系统进行整合规划的能力。而第四方物流的核心竞争力就在于对整个供应链及物流系统进行整合规划的能力，也是降低客户企业物流成本的根本所在。第二，它具有对供应链服务商进行资源整合的优势。第四方物流作为有领导力量的物流服务提供商，可以通过其影响整个供应链的能力，整合最优秀的第三方物流服务商、管理咨询服务商、信息技术服务商和电子商务服务商等，为客户企业提供个性化、多样化的供应链解决方案，为其创造超额价值。第三，它具有信息及服务网络优势。第四方物流公司的运作主要依靠信息与网络，其强大的信息技术支持能力和广泛的服务网络覆盖支持能力是客户企业开拓国内外市场、降低物流成本所极为看重的，也是取得客户的信赖，获得大额长期订单的优势所在。第四，具有人才优势。第四方物流公司拥有大量高素质国际化的物流和供应链管理专业人才和团队，可以为客户企业提供全面的卓越的供应链管理与运作，提供个性化、多样化的供应链解决方案，在解决物流实际业务的同时实施与公司战略相适应的物流发展战略。发展第四方物流可以减少物流资本投入、降低资金占用。通过第四方物流，企业可以大大减少在物流设施（如仓库、配送中心、车队、物流服务网点等）方面的资本投入，降低资金占用，提高资金周转速度，减少投资风险，降低库存管理及仓储成本。第四方物流公司通过其卓越的供应链管理和运作能力可以实现供应链“零库存”的目标，为供应链上的所有企业降低仓储成本。同时，第四方物流大大提高了客户企业的库存管理水平，从而降低库存管理成本。发展第四方物流还可以改善物流服务质量，提升企业形象。

物流一体化。物流一体化是指以物流系统为核心，由生产企业、物流企业、销售企业直至消费者的供应链整体化和系统化。它是在第三方物流的基础上发展起来的新的物流模式。20 世纪 90 年代，西方发达国家，如美国、法国、德国等国提出物流一体化现代理论，并应用其指导物流发展，取得了明显效果。在这种模式下物流企业通过与生产企业建立广泛的代理或买断关系，使产品在有效的供应链内迅速移动，使参与各方的企业都能获益，使整个社会获得明显的经济效益。这种模式还表现为用户之间的广泛交流供应信息，从而起到调剂余缺、合理利用、共享资源的作用。在电子商务时代，这是一种比较完整意义上的物流配送模式，它是物流业发展的高级和成熟的阶段。物流一体化的发展可进一步分为三个层次：物流自身一体化、微观物流一体化和宏观物流一体化。物流自身一体化是指物流系统的观念逐渐确立，运输、仓储和其他物流要素趋向完备，子系统协调运作，系统化发展。微观物流一体化是指市场主体企业将物流提高到企业战略的地位，并且出现了以物流战略作为纽带的企业联盟。宏观物流一体化是指物流业发展到这样的水平：物流业占到国民生产总值的一定比例，处于社会经济生活的主导地位，它使跨国公司从内部职能专业化和国际分工程度的提高中获得规模经济效益。物流一体化是物流产业化的发展形式，它必须以第三方物流充分发育和完善为基础。物流一体化的实质是一个物流管理的问题，即专业化物流管理人员和技术人员，充分利用专业化物流设备、设施，发挥专业化物流运作的管理经验，以求取得整体最优的效果。同时，物流一体化的趋势为第三方物流的发展提供了良好的发展环境和巨大的市场需求。

二、电子商务物流模式

随着电子商务行业竞争的白热化，物流这个电子商务中的瓶颈环节，已经成为电商巨头们决心打造的新的核心竞争力。

1. 轻公司轻资产模式

国内最早的轻公司代表企业是PPG。轻公司轻资产模式是指，电子商务企业做自己最擅长的，如平台、数据，而把其他业务，如生产、物流，都外包给第三方专业企业去做，最终是把公司做小，把客户群体做大。

电商物流中的轻公司轻资产模式，即电商企业着重在于管理好业务数据，管理好物流信息，而场地通常是租赁物流中心的，并把配送环节全部外包。这是传统电商企业的传统运作模式，也就是说，电商企业真正实现“归核化”和“服务外包”。

轻公司轻资产模式，减轻了电商企业在物流体系建设方面的资金压力，但对与其合作的第三方依赖度很高，如果第三方的服务出现问题，势必连累电商企业本身。统计数据显示，第三方物流的投诉率是电商企业自建物流的12倍。因此，这种合作模式需要具备较高的合作风险管控能力。

2. 垂直一体化模式

垂直一体化，也被称为纵向一体化，即从配送中心到运输队伍，全部由电商企业自己整体建设，这是与轻公司轻资产模式完全相反的物流模式，它将大量的资金用于物流队伍、运输车队、仓储体系建设。典型企业有京东商城、苏宁电器等。

垂直一体化模式改变了传统电子商务企业过于注重平台运营而轻视物流配送的状

况，将较多的资金和精力转投到物流体系建设，希望以在物流方面的优势增强在电商业务上的竞争力。

3. 半外包模式

相对于垂直一体化模式的过于复杂和庞大，半外包模式是比较经济而且相对可控的模式，它也被称为半一体化模式，即电商企业自建物流中心并掌控核心区域物流队伍，而将非核心区物流业务进行外包。

这种半外包模式，仍然需要电商企业自己投入大量资金进行物流体系建设。不论是垂直一体化还是半外包，实际上都是电商企业将业务扩展到了物流业，姑且不论是被动扩张还是主动扩张。虽然对于做好顾客的物流服务有较高的保障，但是，需要电商企业投入较多的资金和精力，以及需要电商企业具备较丰富的物流管理经验，可以说，这实际上存在很大的经营风险。

4. 云物流模式

借鉴目前热门的云计算、云制造等概念，云物流模式，顾名思义，就是指充分利用分散、不均的物流资源，通过某种体系、标准和平台将其进行整合，使其为我所用，节约资源，相关的概念还有云快递、云仓储。

从理论上讲，云物流实现了“三化”：一是社会化，快递公司、派送点、代送点等成千上万个终端都可以为我所用；二是节约化，众多社会资源集中共享一个云物流平台，实现规模效应；三是标准化，一改物流行业的散、乱，建立统一的管理平台，规范服务的各个环节。

云物流模式，希望利用订单聚合的能力来推动物流体系的整合，包括信息整合、能力整合。但其问题在于，目前云物流只是提供了一个信息交换的平台，解决了供给能力的调配问题，但不能从根本上改变行业配送能力的整合问题、服务质量问题、物流成本及物流效率的控制问题。如何整合和管理好云资源也是云计算、云制造面临的共同问题。

三、电商物流发展趋势

我国电子商务的发展尤其是网络购物的爆发式增长，大大促进了电子商务物流服务业尤其是快递服务业的发展，使其成为社会商品流通的重要渠道。据统计，与淘宝网合作密切的圆通、申通等快递企业，其六成以上的业务量都来自网络购物。

1. 2016 年电商物流运行分析

（1）业务量增长保持较高增速。电商物流已经深度融入社会生产生活各个领域，业务量规模反映的是消费过程中实实在在的物流业务订单，这与以往的虚拟互联网经济有着本质的不同，因此电商物流成为实体经济的一部分，业务量增长变化也是实体经济的客观反映。同比指数显示，近两年每年电商物流业务量增速均超过 50%。

（2）三大业务量高峰产生。整体来看，电商物流行业呈现全年无淡季、旺季更旺的运行特征。一是圣诞、元旦、春节等节庆消费旺季。统计数据显示，淘宝近两年春节期间年货成交额同比增长 36%。二是 6~7 月年中消费旺季。以京东“618”大促为例，6 月 1 日至 18 日京东累计订单过亿件，6 月 18 日消费者下单空前高涨，业务量集中爆发，当日订单量同比增长超过 60%，其中移动端下单量占比达到 85%，移动端下单量增速非常明显。三是依托“金九银十双十一”的全民消费旺季。数据显示，近两年“双十一”期间总业务量指数较上一年增长 40%以上。电商平台交易额也屡创新高，“双十一”期间，京东交易额都有同比增长 60%的涨幅。

（3）农村电商物流发展迅猛。近年农村物流业务量增长速度接近 100%，增速比总业务量高出 30 个百分点以上。分地区来看，农村业务量指数东部地区 180.1 个百分点、中部地区 209.7 个百分点、西部地区 202.3 个百分点、东北地区 212 个百分点，业务量与上一年全年相比均保持了一倍以上甚至两倍的增速。京东大数据显示，由江苏、河北、浙江、山东、广东、四川、河南 7 省组成的农村电商网购第一梯队，东部、中部、西部、东北地区均有省份上榜，合计占全国农村业务量一半以上，反映出随着互联网的普及和农村物流网络的完善，农村物流信息不畅、物流基础不完善等瓶颈问题在一定程度上得到缓解，中部、西部特别是偏远地区的消费需求有效释放。各级政府、电商企业加大电商物流支持力度，宁夏、浙江、河北打造电商物流示范基地，江苏、湖北积极推进城镇乡村网点建设以期实现全区县覆盖，淘宝的农村淘宝，苏宁易购服务站，圆通“通乡镇、通村组”，申通“千县万镇”，韵达“乡镇拓展”等计划，积极将渠道向西向下布局。目前全国发现淘宝村 1 311 个、淘宝镇 135 个，同比增长 68.1%和 90.0%，产品“进城”和商品“下乡”双向流通格局正在加紧形成。

（4）电商物流行业服务能力稳步提升，满意度保持较高水平。在业务量高速增长压力下，电商物流和快递企业加大基础设施投入和新技术应用，加强网络布局和资源共享，不断提升消费旺季和尖峰时刻的应对能力，服务能力与旺盛需求形成了良性互动，形成一批规模大、能力强、效率高、有口碑的电商物流和快递企业，行业物流时效、履约水平和运作效率都有明显提高。目前物流送达时效提高 17%，反映出从下订单到送达客户的物流时间缩短，物流时效性明显增强。京东推出京准达服务，客户可在指定时段收货，反映出电商物流在追求更快的同时，更加专注个性化客户的物流需求。总体来看，电商物流服务能力得到了消费者的充分认可。

（5）跨境电商物流高速增长。2016 年全国共有 60 个城市开展了跨境电商业务，其中 10 个城市经批准开展跨境电商进口业务，批准设立杭州、天津、上海、重庆、合肥、郑州、广州、成都、大连、宁波、青岛、深圳、苏州 13 个国家跨境电商综合试验区。2016 年政府工作报告中明确指出，“鼓励商业模式创新。扩大跨境电商试点，支持企业建设一批出口产品‘海外仓’”①，4 月之后跨境电商新政迅速调整并设立了缓冲期，明确了行业未来发展的税收政策取向，跨境电商竞争环境更加公平有序，对行业健康可持续发展来说是长期利好。自由贸易区、综合试点城市和综合试验区相继出台贸易便利化措施，

① 政府工作报告（全文）. http://www.gov.cn/guowuyuan/2016-03/17/content_5054901.htm，2016-03-17.

如简化进出口报关流程，统一跨境电商进口信息系统，释放出制度创新红利。受需求和政策利好双重推动，跨境电商企业数量不断增加，一些企业加快海外物流网络布局。菜鸟网络物流覆盖全球200多个国家和地区，全球跨境物流日处理能力超过400万单，顺丰速运直发业务覆盖全球近250个国家和地区，洋码头布局全球物流中心，大龙网启动中国在欧洲最大的跨境电商产业园。跨境电商物流业务出现爆炸式增长，成为我国外贸重要的增长点[6]。

（6）开放、共享、融合、创新成为电商物流发展常态，共建共享成为基本趋势。随着成本的上升和个性化物流需求的增长，单一物流体系支撑整个供应链运营不仅耗费资源，而且难度极大，资源共建共享以及整合协同将是电商物流发展的基本趋势。京东物流启动开放战略，依托自建物流网络，为社会商家提供仓配一体化物流服务。菜鸟网络联合快递企业成立菜鸟联盟，用平台生态的方式形成物流生态平台。顺丰全面进入医药、冷链、生鲜电商物流市场。

2. 电子商务的发展展望

（1）电子商务物流的服务内容和内涵将更加丰富。一方面，我国网络零售交易产生的电商物流业务近70%由快递企业承担，快递业成为服务电子商务的主渠道。另一方面，在“互联网+”的背景下，电商物流也衍生出多种业态，新模式不断涌现。终端消费者对多元化服务的需求进一步细化，电商物流企业适时推出终端智能柜、物流保险、特殊物品物流、逆向物流等主动服务和个性服务。随着供给侧结构性改革的深入推进，电子商务、制造业、跨境贸易等关键产业不断升级，电商物流上下游产业环境也随之优化和升级，这必将对电商物流服务内容提出更高要求，仓配一体化、供应链管理等业务种类将加快拓展；跨境贸易的发展也将为电商物流企业注入新的发展活力。

（2）市场主体将更加多元。一方面，随着外部产业的融合、资本市场的加速进入，以及同业、同区域整合，优质资源要素和人力要素进一步向龙头企业聚集，市场集中度将进一步提高。另一方面，在快递公共服务站、连锁商业合作、第三方服务平台等创新模式不断涌现的同时，传统快运、物流企业也纷纷开始跨界进入快递及电商物流领域，向专业化、区域化、平台化方向发展。此外，随着“互联网+”的驱动及平台经济的发展，碎片化的物流资源通过互联网和平台整合进入市场，“平台+个人”的商业模式正在出现，正逐步探索、演化，成为新的电商物流服务提供者和市场参与者。

（3）电商物流将更加智慧、智能。随着生产消费需求的不断升级和技术应用环境的不断成熟，电商物流数据化、自动化、智能化的发展将势不可挡。DT（data technology，数据处理技术）时代的到来，使得大数据应用已经深入企业的经营管理、销售预测、运营决策、营销推广、渠道管理、客户体验、物流管理、IT构架等方方面面。尤其是大数据对供应链的应用将改变电商物流的路径和运作，从而颠覆传统的运营模式，对物流服务提出更高的要求，大数据服务、云服务、智慧仓储、电子签名、电子身份认证等技术将得到推广应用。在物流装备方面，自动化分拣、机器人、智能快件箱等开发应用力度将持续加大。尤其是“刘易斯拐点”的到来，迫使企业告别过往依靠廉价劳动力的发展怪圈，对电商物流的提质增效形成“倒逼”。从现状来看，仓储分拣等智能机器人已经进入实际应用阶段，而当人工成本超过机器成本之时，自动化大规模迭代的时代就将到来。

案例分析

菜鸟网络的发展历程[7]

菜鸟网络成立以来以惊人的速度成长，成为“互联网+企业”的标杆，吸引风投资金的关注。菜鸟网络是将“互联网+”与传统物流行业完美结合的新型公司，以通过大数据建立的从干线到末端的全链路物流网著称，研究其商业模式的影响因素和创新路径对商业模式的影响有很好的参考价值。依据 2016 年政府工作报告和《国务院关于大力推进大众创业万众创新若干政策措施的意见》的精神，为促进大众创业、万众创新，国家部署建设一批双创示范基地、扶持一批双创支撑平台，阿里是唯一入选的互联网公司，而菜鸟网络是阿里双创重点，研究菜鸟网络有利于探索总结典型经验。目前的报道研究多集中在菜鸟网络的发展现状方面，菜鸟网络商业模式本身还在探索之中，扎根理论具有理论生成特点，有助于获得线索和途径。

（1）创始期（2012 年 9 月至 2013 年 10 月）。我国电子商务起步于 20 世纪 90 年代，经过近 20 年的发展，到 2012 年底电子商务交易规模达 8 万亿元，年处理包裹量 57 亿件，接近 2006 年的 7 倍，其中 50%的快递业务来自阿里。物流业作为电子商务的组成部分，其高成长性吸引众多的创业者，形成了我国物流企业普遍规模小、企业众多的格局。在仓储、运输、配送、信息化管理等方面，各省各企业各自为政，重复建设，缺乏全国层面的物流统一规划，物流成本高、竞争力弱、服务水平和效率低，无法形成规模效应，严重影响客户网购的体验，成为制约电商发展的瓶颈。马云预测到 10 年后每日最少有 2 亿件包裹，物流快递从业人员最少需要 1 000 万人，成本和管理是巨大的问题，不可能单独依靠一家公司解决，必须转换思路，组织社会力量。2013 年 5 月菜鸟网络在这种市场环境和机会下应运而生。

创始期的菜鸟网络把握识别市场的机会和行业需求，借助阿里品牌效应，在资本驱动下采用“技术创新+商业模式创新”，实现电商向物流跨界融合。

（2）困惑期（2013 年 11 月至 2014 年 9 月）。一方面，这个阶段菜鸟网络对入网的扶持力度有所减缓。随着阿里小邮局网点增多，菜鸟网络开始营建独立品牌，从 2013 年底开始，所有“阿里小邮局”改名为“菜鸟驿站”，并做站点相应 VI（visual identity，视觉识别）形象升级，从表面看像是和阿里脱离了关系。同时市场上出现了与 O2O 电商相结合的同质公司，如乐收快递、小麦公社、近邻宝等，分流了一批持有怀疑态度的合作者。另一方面，对内大力加强天网数据信息化处理能力。2013 年“双十一”向天猫商家全面开放“物流预警雷达”，运用大数据计算，帮助商家分析客户需求，精准备货、合理分仓，提前预测最优路径，帮助“四通一达”等快递公司调配运输资源，并于 2015 年升级为“菜鸟天地”，实时监测包裹路径和运输质量，更新信息。2014 年 5 月，菜鸟网络“电子面单”免费开放接入，在减少手写错误和字体潦草诱发的识别错误、缩短填单时间、提高货物分拣效率、推动全行业统一标准、推广绿色物流方面取得卓越成绩。到目前为止，主流快递公司和合作商家，如当当、国美商城、海尔商城等全部接入，电子面单覆盖率达到 70%以上，打印速度提高 4~6 倍，发货效率提高 30%，2014 年 9 月菜鸟网络联合高德地图，结合历史订单数据建立可以匹配到结构化的乡镇/街道的“四级地址库”，在库里输入任何一个地址，系统可以精准地规划配送线路，提高派送精确度和效率。2014 年 12 月菜鸟网络自己研发 WMS（warehouse management system，仓库管理系统）“大宝”，可以通过分析用户信息为淘宝订货单分配最合适的仓库、物流公司网点，商家确认后自动转成“电子面单”。2014 年发布 APP（应用程序）“菜鸟驿站”，2015 年 5 月升级为“果果”，开启菜鸟网络无线端基于 LBS（location based service，基于移动位置服务）实时推送技术面向二手交易、电商退换货、个人寄件、公益捐赠等业务。与此同时，2013 年开始菜鸟网络重点加大对地网基础设施投入，自建覆盖全国的五个大型一级仓储中心，为商家提供仓库，将送货流程简化为仓储中心的“落地配”模式，减少物流移库次数，提高效率。

从旁观者角度看困惑期菜鸟网络似乎走偏了，宣传变弱，对手林立，但菜鸟网络通过信息化、大数据进行科技创新，启动智慧物流，夯实自身基础建设，帮助客户优化链路，节约成本，提高效率，倡导绿色物流，树立了菜鸟网络品牌。

（3）初见雏形（2014 年 9 月至 2015 年 12 月）。随着阿里 2015 年 9 月在美国上市，马云和童文红先后宣布了菜鸟网络的五大战略，即“快递、仓配、跨境、农村和驿站”，以“互联网+”分享、协同、透明、数据思维开创 DT 物流新时代。在此期间公司继续以技术创新提高客户满意度，吸引商家和快递公司主动进场。关键技术创新有：①2015 年 7 月采用“大数据路由分单”。采用结合高德地图的空间定位大数据路由分单技术来判断包裹下一个到站网点并自动分拣，提高了分单速度和准确率，节省了人工分拣成本。②2015 年 8 月启动“鹰眼”项目。通过挖掘分析“超时异常件”，锁定问题网点，给出解决建议。③2015 年 12 月启动物流云，将合作伙伴的业务存储到云端。

（4）社会协同（2016 年 1 月至 2016 年 12 月）。进入 2016 年，菜鸟网络获得首轮超过 100 亿元融资。2016 年 1 月菜鸟网络正式联合 6 家快递公司启动基于无线 APP“果果”的“众包”服务，提供包裹全程数据追踪功能，提高运输透明度，保障货物、公益赠品安全抵达目的地网；2016 年 5 月菜鸟联盟正式成立，通过行业组织，向客户提供“到货承诺，违约赔付”的物流服务，通过同业监督优化服务质量网。2016 年 4 月，蚂蚁金服联手菜鸟网络，建设智慧校园。2016 年 4 月菜鸟网络绑定的移动支付工具启动“Smile to Pay”人脸识别技术，为快捷安全支付提供了一个新的入口。2016 年 5 月，菜鸟网络“ET 物流实验室”表示自主研发的多款机器人产品将在年内投入使用。同时，菜鸟网络进行第二次 VI 形象升级，在有空间条件的驿站采用自助取货模式，缓解排队取件现象，降低人工成本。在华中地区菜鸟网络配合商家做商业化测试，为商家提供精准的推广活动分析报告，开辟新的大数据应用市场。

在第四阶段除了继续进行技术创新外，更多地体现出资本模式和运营模式的创新，逐步形成社会协同、行业自律、共创共享的格局。

分析总结：通过扎根分析，我们可以将菜鸟网络商业模式创新路径归结为识别市场机会—以平台和“互联网+”思维进行价值主张创新—技术创新—以“运营-资本-盈利模式”为核心推动商业模式创新；在整个创新过程中，技术创新和商业模式相互驱动实现价值主张—价值创造—价值传递—价值实现的循环过程。具体而言，在市场环境驱动下，菜鸟网络识别市场机会和需求，以“互联网+”的思维方式重新定位物流业，变以往劳动密集型、重资产物流业为以数据驱动的、轻资产、社会协同化智慧物流，坚持客户第一的价值主张，围绕平台、网络构建企业的资源、能力和核心业务，为客户节约成本，提高效率，提供更多更好的服务，创造价值。通过数据化、信息化、智能化技术创新驱动商业模式创新，并反作用于技术创新，最终价值链上所有合作者共同盈利，促进价值实现。菜鸟网络在商业模式创新的过程中，始终坚持业务、功能和前沿高新科技紧密结合，坚持“互联网+”思维，集社会力量共同打造开放、平等、透明的电商物流一体化平台。

第二章

电子商务物流体系

第一节　电子商务物流体系基本情况

近年来，我国电子商务呈现出爆炸式的发展，这促使物流行业，尤其是快递行业，迅速发展。一方面，电子商务物流企业已建立起相当规模和密度的物流网络，如仅次于中国邮政和顺丰的快递企业已经建立起相当的网络覆盖、运营规模和能力。另一方面，相对于中国高速增长的庞大电子商务市场而言，电子商务物流企业的发展还远远无法满足电子商务的发展，尤其是电子商务中增长最快的 B2C 企业，其物流成本要远高于传统的行业，因此在激烈的电子商务竞争环境下，物流已经成为关键因素，正如美国物流配送专家詹姆斯·阿尔里德在其专著《无声的革命》中写道："主要通过提供物流配送打竞争战的时代已经悄悄来临。看清这点的企业和管理人员才是未来竞争激流中的弄潮儿，否则，一个企业将可能在新的物流环境下苦苦挣扎，甚至被淘汰出局。"提供高标准的物流服务，改善客户体验，建立完善的电子商务物流体系，是目前电子商务物流突破发展瓶颈的关键所在。

一、电子商务物流体系定义

物流体系是物品从供应地到需求地的实体流动过程中，将运输、仓储、装卸、搬运、包装、流通加工、配送、信息等功能实现有机结合的一个整体，各个环节相互协调、相互配合，形成一个井然有序、高效运转的物流系统。

电子商务物流体系虽没有较官方、明确的定义，但我们可将其理解为电子商务企业在网络电商平台达成交易后，为将实体商品及时、准确、安全地送达到需求者手中而建立的物流体系。另有一种说法认为，电子商务物流体系是传统物流企业的电子商务化、信息技术化，是物流企业发展到一定阶段的产物。因此，从更广泛的视角来看，电子商务物流体系是电子商务企业、物流企业、信息技术企业的融合，是一种供应链的延伸。

二、电子商务物流体系主要发展形式

建立电子商务物流体系对于电子商务企业的重要性不言而喻，根据需求选择符合自

身发展的物流体系是电子商务企业必须要解决的问题，电子商务物流体系目前主要有三种形式，即电子商务自建物流体系、电子商务第三方物流体系、电子商务物流联盟。

（一）电子商务自建物流体系

电子商务领域，价格、信用、物流是直接影响用户网上体验的关键因素，前两个因素目前已经能够让消费者拥有较高的满意度，而物流因素是最不可控的因素，在当前的网络购物的浪潮之下，许多由民营快递公司转型的电子商务物流企业，根本无法与网络订单的暴涨速度相匹配，物流问题始终是电商之痛，因此许多大型电商企业选择自建物流的形式，自己控制物流过程中的时间，压缩成本，提高服务水平。

电商自建物流源于亚马逊，亚马逊凭借其先进的 IT 技术，投入巨资建立自己的物流体系，同时还为其他企业提供供应链管理服务。国内则以京东为首，刘强东认为只有自建物流才能优化客户体验，提高客户的满意度。电商自建物流体系结构图如图 2.1 所示。

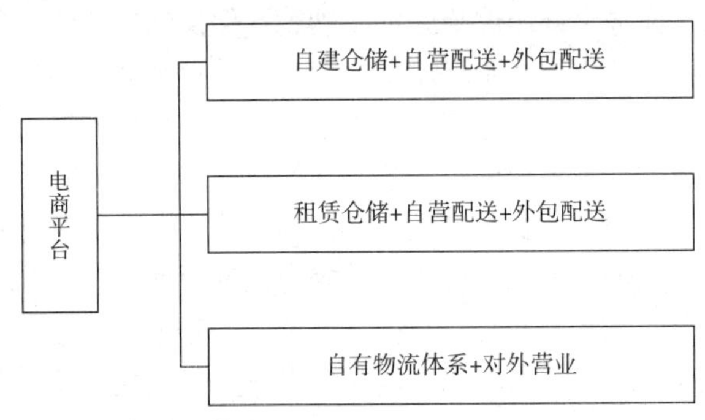

图 2.1　电商自建物流体系结构图

自建物流体系并不适用于所有的电商企业，我们必须客观地看待其优势与弊端，一方面，电子商务自建物流体系的优势有以下几点。

（1）控制物流运作环节，提升物流服务水平。从中国电商的发展阶段来看，各类电子商务物流企业的竞争不断加剧，不仅在于单一产品的竞争、价格方面的竞争，更重要的是服务层面的竞争，电子商务企业采用自建物流的形式，能够控制物流每一个运作环节，包括“最后一公里”问题，与用户直接的交流能更容易发现体制的缺陷，也更好地进行自我完善。

（2）增加电子商务企业的物流主控性。电子商务企业通过自建物流，拥有了强大的物流信息管理系统，拥有自己的配送车辆与配送人员，通过信息的及时传输与人员的管理和激励，电子商务企业能够及时准确地掌握货物的状态信息，减少与第三方物流合作易发生的货物失控、丢失、破损等情况，进一步提升客户的满意度。并且，自建物流的电商企业可以通过物流来推广自己的新业务和进行品牌宣传，提高客户再次购买的可能性和网站的黏性，增加电商企业的物流主控性。

（3）提升资金的回流速度。目前电子商务平台的发展虽然带动了许多第三方支付平台的发展，如支付宝、网上银行、财付通等，但其本质仍然是货到付款，资金暂存在第三方平台，用户收货确认后资金才会支付到电子商务企业的账户，资金流转时间为5~7天。而自建物流体系较高的配送效率与自有支付平台，一方面使交易时间缩短，另一方面不存在第三方对资金截滞，大大提升了资金的回流速度。

（4）培育另一个价值中心。电子商务自建物流随着规模的扩大和实力的增强，可以发展成为电子商务企业另一个价值中心，此时自建物流体系不仅能够满足企业内部的需求，而且可能向外扩张，为其他物流企业提供物流服务，即企业的自建物流体系会逐步发展成为第三方物流，企业原有的成本投入转变成为企业盈利的价值中心，同时也能够分散企业的经营风险。

另一方面，电子商务自建物流体系又有其无法回避的劣势，可以归结为以下几点。

（1）巨大的资金压力。电子商务企业自建物流将会面临巨大的资金压力，可从两方面来剖析：其一，物流体系的建设并非一朝一夕能够完成，物流的选址、网点铺设都将耗费大量的时间和财力，短时间内还不能为企业所用。其二，自建物流体系建成之后也需要持续的资金投入维持其运转，对于规模小、实力弱的电子商务企业来说，是无法实现的，一旦自建物流失败，不仅会导致资金的损失，而且会影响到企业的核心业务。

（2）巨大的管理压力。电子商务企业的优势在于网络营销，而自建物流是一个全新的领域，建立自己的物流体系并对其经营和管理，这对于电商企业来说，无疑是对其管理能力的挑战。电子商务业务的延伸也将伴随着物流业务的延伸，相应的物流基础设施、人员的扩张使企业的组织结构变得庞大而臃肿，这更增加了企业的管理压力。

（二）电子商务第三方物流体系

电子商务第三方物流体系，是指电商企业将物流业务委托给第三方物流公司的物流运作体系，就目前而言，电商企业采用第三方物流体系的居多。电商第三方物流体系结构图如图2.2所示。

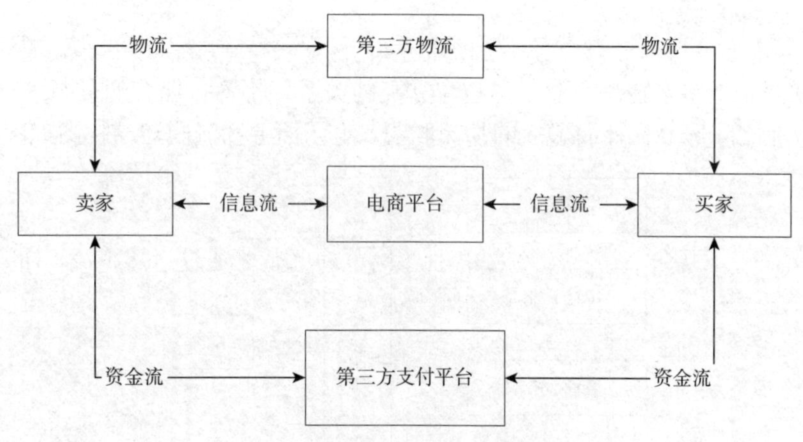

图2.2 电商第三方物流体系结构图

电子商务物流采用第三方物流的运营模式也有较大的优势，其优势可以归结为以下三点。

（1）物流网络覆盖较广。第三方物流企业能够凭借其发达的物流网络，为电商企业提供专业的物流服务，甚至能够深入较为偏远的区域，提供送货上门的服务。若企业自身进行服务覆盖网络的建设，则对企业的资金实力与运营能力有较高的要求。

（2）提升电商企业的核心竞争力。电商企业的核心竞争力在于产品的运营与行销，以及渠道的管理，物流的配送服务虽然是企业竞争力的重要组成部分，但将物流与资金流、信息流分离出来，能够让电商企业集中资源，发展自己的核心业务，从而提升自己的核心竞争力。

（3）提高社会资源的利用率。从社会层面来看，第三方物流企业的运作模式能够提高社会资源的综合利用率。资源的利用率能够在社会分工的过程中得到更加充分的利用，物流资源能够在第三方物流平台上获得充分的分配，电商企业也能够通过专业性的经营，提高资源的利用率。

第三方物流体系在当前的物流市场发展到现阶段，也仍然存在着许多不足之处，仍然需要在理论与实践上不断发现问题，第三方物流体系的主要不足之处可归结以下两点。

（1）对物流环节的控制度削弱。电商企业一旦选择将物流业务外包给第三方物流公司，也就意味着其对物流环节的控制力度被削弱，企业内部可能无法完全掌握货物在物流环节中的状态，也无法与消费者进行直接的接触，物流作为电商企业的重要一环，势必会对其正常运营产生一定的不良影响。

（2）物流服务质量无法保障。物流环节的外包使得电商企业无法与客户有最直接的接触，对于市场或用户的真实情况并不能真实地了解到，无法满足客户的个性化需求，无法培养客户对品牌的忠诚度。例如，当前许多中小型电商企业只能借助产品营销、广告的投入甚至价格竞争来吸引客户，而第三方物流供应商是否能够提供优质的物流服务，并为企业带来一定的利润，都是企业自身不可控且无法保障的。

（三）电子商务物流联盟

物流联盟是指多家物流企业，通过建立契约关系，将各自拥有的资源进行整合与信息共享，企业之间优势互补而形成的物流联盟。电子商务物流联盟结构图如图 2.3 所示。

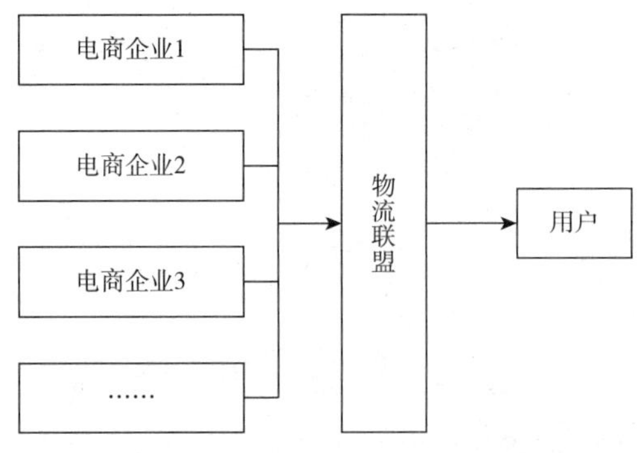

图 2.3　电子商务物流联盟结构图

物流联盟运营模式的主要优势有以下几点。

（1）降低物流成本，提高资源的利用率。物流联盟的形式集中了各个企业的物流资源，并进行整合提升，企业之间信息共享、互通有无的形式使得企业能够减少对人力、设备的投入，降低了企业的运营成本，但资源的整合使得整体资源的利用率得以提升，企业运营的风险也降低。

（2）提高运营水平。结成物流联盟的各个企业在信息共享、资源共享的体制下，能够相互学习、相互借鉴企业之间的管理模式、运营模式及科学技术的经验，企业之间追求的合作共赢使整个联盟的运营水平得以提高，向更加专业化、集约化的方向发展。

物流联盟的主要不足之处可归结为以下两点。

（1）稳定性较差。结成物流联盟的企业虽然可以共享物流资源与信息，但企业之间仍然存在着规模、资金、行业的差异，因此在联盟中所获得的收益也不尽相同，利益的分配问题将直接影响物流联盟的稳定性。另外，物流联盟是由各个企业自发组成的组织，对成员没有太大的约束力，一旦成员之间发生背叛，整个物流联盟都会受到影响，因此，联盟内部如何进行利益分配，如何建立稳固的联盟关系，是物流联盟现阶段面临的主要问题。

（2）物流配送较难标准化。物流联盟是不同企业之间的联盟，也是不同体制之间的合作，因此企业会有不同的作业标准，物流联盟只有吸引大量的企业加入，才能获得更大规模效益；但当联盟内企业数量过多时，统筹协调、建立标准化配送体制将会更加困难。

综上所述，物流是电商企业发展的重要环节，各种物流模式，各有所长，也各有不足，需要企业根据自身实际的资金状况、运营模式、经营战略、产品特征进行选择。

三、电子商务物流与传统物流差异分析

电子商务的发展为物流行业带来了前所未有的发展契机，同时也极大地冲击了物流行业，新型电子商务物流与传统物流的相同点可归结为：无论是传统物流还是电子商务物流都是基于货物的流动而发起，均旨在一定可控成本下，实现在正确的时间用正确的方式将产品送达正确的地点交给正确的人。

而本书的关注点在于从实际作业的角度来透视两者的差异之处，在此之前，了解一些前置信息是理解两者差异的基本出发点，因为正是这些看似简单的变化导致了电子商务物流与传统物流之间的差异，这些基本的变化点可以归结为以下三个方面。

（1）电子商务压缩了空间，加速了时间。空间的压缩指终端用户与企业之间没有了传统上的距离的概念，空间位置的分布变得模糊，而时间的加速意味着空间实质上是虚拟的压缩，但是需要用速度将虚拟空间的压缩转化成为实际意义的效果，即物流中的渠道效率。

传统物流经过多层转运，最后到达门店，终端用户上门自提，每一个转运点都是一个核查过程；电子商务物流则表现为企业直达终端用户，提高了渠道效率以及响应能力，但也缺失了转运点检验错误的环节，这种变化使得电子商务物流的容错能力大大降低，

敏捷性、灵活性要求提高。

（2）电子商务物流改变存储货物的模式。从传统物流到电子商务物流，存储的货物模式由“少品种、大批量、少批次、长周期”转变为“多品种、小批量、多批次、短周期”，这样的转变将导致两种物流模式的物流行为发生变化，如库存管理、入库、拣选、车辆安排等。

（3）电子商务物流对信息技术提出新的要求。电子商务物流对信息技术的使用，已经不再像在传统物流中扮演补充的角色，信息技术在电子商务物流中具有举足轻重的作用，传统物流不具备深厚的信息技术能力，是大型电商企业，如 1 号店、京东选择自建物流的重要原因。

有了以上的总体概念，便可更深入地理解电子商务物流与传统物流的差异，及其差异形成背后的原因，两者的差异可从以下几点做出比较。

（1）存储方式。传统物流中，多采用少品种、大批量的出入模式，库存设施一般为平面库、立体高位货架，存储区域与拣配区域共用，大批量货物进出以箱为单位、以托盘为辅助单位进行存储和转移。

电子商务物流中，出入模式转变为多品种、小批量，库存设施以轻型货架为主、平面托盘为辅，在目前以人工出库作业为主的前提下，必须以专门的存储区来提高存储利用率，以专门的拣货区提高拣选效率。

除上述存储方式的差异外，传统仓库品类的 ABC 分类[①]基本稳定，产品足够成熟，所以其存储位置大致确定。电子商务物流则由于多种组合和空间压缩，ABC 分类极具动态性，因此分类存储的方式将很适用于电子商务物流的仓储。

（2）拣货方式。传统物流中，由于货物数量多，品类少，出库批量大，且以托盘为出库单位，因此不用考虑订单如何组建波次，直接采用摘果式，或者先摘果后播种的拣货方式，拣货工具多使用叉车，射频识别（radio frequency identification，RFID）技术仅起辅助作用。

电子商务物流中，拣货作业的动态性与作业规模已经远超传统物流。电商需要以规模制胜，货物品种繁多，但订单数量多为一件、两件，拣货时一个订单显然不足以采用摘果式拣货，需要统筹考虑以波次为单位，边摘果边播种，这种精细的拣货是叉车类似的粗糙工具无法完成的，所以常见的电商拣货工具多是射频（radio frequency，RF）技术、拣货小车、周转箱。RF 技术代替了人眼完成动作的校验，周转箱则代替了托盘。

电子商务物流中最具提升潜力的仓库作业就是拣货，拣货作业的机械化、系统化、信息技术与数据分析的深层应用，都会为电商企业的拣货作业带来改革和突破。

（3）出库复核。传统物流的出库复核程序非常重要，多采用人工进行数量、零头箱的清点，并进行出库品种的校验；而电子商务物流中的出库复核几乎是重新清点，并通过电子终端设备进行品种的一一校验。

（4）信息元素。传统物流中，对货物上信息元素的规范性与完整性，如标签、条码、票据等，要求并不高，因为货物本身外表或物理属性可以区分，如可以不贴标签，也不

① 按 ABC（activity based classification）分类法分类。

需要有票据一一对应，即发票可以和货物异步流通。

电子商务物流中，对于货物信息元素的规范性与完整性要求非常严格，如果订单的内容没有标签、条码信息就是无效订单，发票也必须和货物同步流动。

（5）包装。传统物流中，货物从工厂运出后，包装一般不需要再行调整，所以传统物流没有明显的包装线，其包装的作用是加固或保护货物安全。

电子商务物流中因为商品经过重组，“新产品”处于无包装状态，电商仓库包装线则需要有设计包装的能力，并进行相应操作，需要根据不同的商品特征，在成本时间的约束下，研制包装方案，保证在途货物的安全。在这一点上，包装环节是仓储物流中又一极具专业性和行业技术含量的环节。

（6）盘点。传统物流中，需定期进行盘点，由于没有强系统约束，盘点也成为库存管理或者问题暴露的重要手段。传统物流可以停止运作进行盘点，而多级库存分布也保证了停止作业的可行性。

电子商务物流无法达成这样的静态盘点，7×24 小时的服务一直让仓库处于运转中。首先，要重点控制过程，杜绝差异产生，传统过程可以偏离系统要求，事后补救。其次，差异的处理要不断通过系统引导控制进行处理，做到数量、状态、位置的每次变化系统与实物都同步进行。通过这些方面的严格管控，来弥补无法进行静态盘点工作的不足，因此较为可行的是局部盘点，分类盘点。

四、电子商务物流体系的建设

（一）电子商务物流体系影响因素分析

1. 客户服务需求

电子商务物流体系最为显著的影响因素是客户服务需求的变化，首先电子商务物流的总体订单数量暴增，但单个订单量很少；其次客户配送服务要求时效性、准确性、完好性；最后可退换货以及代收货款也成为必备要求。

电子商务企业，尤其是 B2C 企业，拥有庞大的客户群，但每个客户的需求量极为有限，这直接导致了电商企业的总体订单数量很多，每天能达到十多万个甚至几十万个，是传统零售业配送中心每天几百上千个订单量的百倍以上，但每个订单的商品数很小，多以单件为主；这使得电商 B2C 配送中心几乎全部都要以拆零方式进行拣选，直接影响到电子商务物流体系仓储节点的作业功能、作业效率及作业成本。

同时，客户对于电商企业的配送服务需求主要体现在配送时效性、准确性与完好性上。其中时效性已经成为电商企业竞争的关键因素，如京东商城推出的“211 限时达”服务，其他电商也纷纷跟随此服务战略。因此，时效性对于物流体系建设的节点选址、覆盖范围及网络运输配送路线的选择有着直接的影响。

网购条件下出现的退换货数量比传统零售业更多，且退件商品的物流成本很高，因此逆向物流也越来越成为电商企业进行物流体系规划必须考虑的因素。电商企业从接收到订单到将产品送到客户手中，这一过程中的每一个环节都有可能产生退换货，其中包括订单取消、包装破损等各种原因；被退回的不同商品、商品的不同状态都对应着不同的处理方法，进而会对网络运输及配送线路、网络仓储节点的位置和功能产生影响。另外，准确性和完好性也会关系到退货及多次配送的问题，代收货款则关系到配送服务的自营及外包问题，也会对物流网络仓储节点及配送线路产生间接影响。

2. 客户地理分布

当前，网购用户分布在全国各地的一二三线城市，相对集中于城镇区域，但区域内配送地点却十分分散，而超小的单个订单使得“最后一公里”无法实现规模效应，电子商务环境下如此分散的需求节点，其密度分布及需求特征将直接影响到物流网络仓储及配送节点的数量、位置、功能、覆盖范围及规模大小，同时也影响到网络配送线路及配送模式的选择。

3. 商品类型

大型的电子商务企业的SKU数量巨大，品类可达百万种，而单品库存数量又非常小，通常一个品项1~2箱，且产品更新速度快，加之采用拆零的拣选方式，使得配送中心出现多个SKU存放于同一库位的现象。

同时产品品类在大小、形态、物理特性等方面的差异，要求在不同的仓储设施环境下，使用不同的存储及搬运设备，采用不同的存储、拣选、打包等作业方式才能高效运作。例如，体积很大的冰箱、体积很小的手机、体积中等的微波炉，各需用不同的货架及搬运工具，订单拣选及打包方式也会不同；食品和化妆品需要恒温环境、批次管理，服装要求防尘防潮，图书要求防潮及送风，易碎物品需特殊包装。这些对物流网络仓储节点的存储空间利用、储位管理等提出了更高要求[8]。实际中，差异很大的商品甚至会经过物流网络上不同路径配送到终端客户手中。

上文主要分析了客户服务需求、客户地理分布、商品类型三个因素对电子商务物流体系建设的影响。

（二）电子商务物流体系结构模型

根据电子商务环境下物流需求的特点，最常见的物流体系结构可简化归结为三级物流节点结构和二级物流节点结构这两种最基本的形式。三级物流节点即大区物流中心，其主要物流功能是商品入仓集货、仓储、本区域订单履行中心；其中本区域订单履行中心功能是订单处理，包括订单拣货、包装、集货待运等。二级物流节点即城市配送站点，其主要功能是将订单包裹分发配送到负责区域的网购消费者。对于传统企业新增的电子商务业务，没有必要按照上述模型建设网络，可以基于现有的物流网络设施开展电子商务订单履行配送服务。

本部分以电商自建物流为例，大型电子商务物流公司组织结构图如图2.4所示。

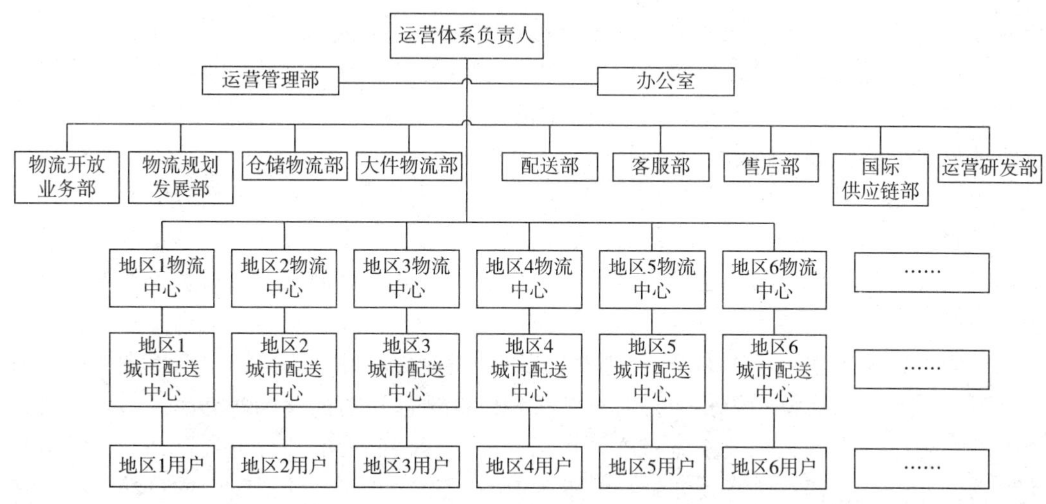

图 2.4　大型电子商务物流公司组织结构图

组织最上层是运营体系负责人，架构分成运营管理部、办公室两部分九大部门，分别是物流开放业务部、物流规划发展部、仓储物流部、大件物流部、配送部、客服部、售后部、国际供应链部、运营研发部。

物流开放业务部，相当于市场销售部门。物流规划发展部，类似于战略部，根据市场和行业形势进行新的规划发展。仓储物流部，负责“收发存退”基本服务和增值服务，如仓间挑拨、代贴条码、个性包装、B2B 服务、库内加工、动产质押、前台搜索打标。大件物流部，负责大件的仓配安一体服务，包括送货上门、开箱验机、上门安装、售后退换货服务。配送部，主要负责时效服务，如 211 次日达、2 小时极速达；另外会负责代收货款、保价服务、签单返还等个性化服务。客服部，反馈或跟进处理客户异常情况，维护客户关系。售后部，负责产品检测和质量保证。国际供应链部，负责跨境物流方面。运营研发部，负责无人仓、无人机、无人车等人工智能产品的研发运营工作。

各部门下面是区域物流中心，即上文中提到的三级物流节点；城市配送中心则是区域内更加细化的网络点，是二级物流节点，直接为终端用户服务。

电子商务第三方物流体系的结构类似于自建物流体系的组织结构模式，区别在于由谁来进行物流体系的运营。

（三）电子商务物流体系布局策略

电子商务物流体系采用怎样的布局策略才能够满足当前巨大的市场需求呢？目前，许多电商企业大规模地展开物流设施建设，物流网络布点越来越密集。

在网络选址方面，首先北京、上海和广州成为电商企业的必选城市，其次是成都、重庆、武汉和沈阳。根据中国社会商品零售总额的城市分布，如果实现在这几个城市的订单履行物流中心布局，211 配送将能够覆盖全国总需求的 25%，若增加一天配送时间，覆盖量约达全国总需求的 60%。为了实现全国市场的服务覆盖（包括对县级城市的覆盖）

以及实现订单后第二天配送交货的双重目标，除了在上述几个城市布局区域大型订单履行物流中心，还需要在其他省会城市建立第二层级的订单履行物流中心，这样在全国需要建立20~30个订单履行物流中心，目前少部分电商已经开展与此类似的物流网络布局，这需要巨大的物流设施投资。

物流网络和设施对电子商务的发展是核心能力的建设，然而，大部分电商在布局物流网络过程中并没有进行科学规划，而只是根据区域经济规模加上经验分析，随着快速发展的需要，进行快速布局建设，因此其建设投入是否能够最优地支持业务的发展存在很大风险。

从规模效率考虑，电子商务物流网络布局和物流设施的规划建设，从地理上必须考虑区域、城市和城市群三个要素。对长江三角洲、珠江三角洲及渤海湾已经形成的三大城市群，可以建设超大规模物流设施，包括商品集货存储功能和订单履行功能，负责整个城市群的订单履行，日处理订单量可能达10万~30万单，必须适度应用自动化物流技术以提高运作效率和订单处理能力，形成超大型订单履行中心，其中，拣货作业策略和技术应用、商品类别管理策略和集单策略将是设计重点。

第二节　电子商务物流仓储体系

一、电子商务物流仓储体系概述

仓储活动是物流的重要环节之一，仓储是产品制造、流通过程与客户的实际需求产生时间差异而导致的商品暂时存放，仓储将创造货物的时间价值。仓储显示了供应链中商品的状态，是供应链中生产、供应、销售的连接点，保证了货物流通的连贯性。同时，仓储活动的产生也伴随着客户订单、货物资金的流转，是信息流、资金流、物流三流合一的环节。

仓储的作业过程，是指在存储的基础上，以货物入库为起点，按照订单将货物准时准量地发送出去的全部作业过程，主要包括入库、存储、拣货、出库这四个环节，包括仓储操作技术与作业流程两个方面的内容。按作业顺序可分为卸载、入库检验、商品入库、储存、拣选和分拣、装车、发货。仓储作业流程图如图2.5所示。

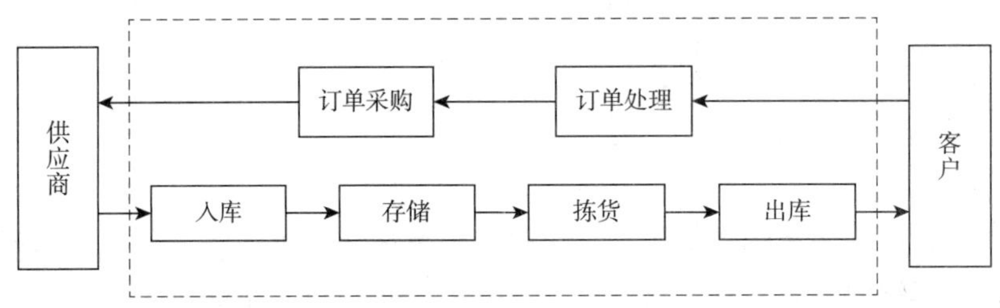

图2.5　仓储作业流程图

经过多年的发展，我国仓储作业已经总结出较为成熟的作业方法，但由于电子商务物流的货物特征，当前仓储作业仍然以人工操作为主，作业效率较低，因此在电子商务的大环境下，现代物流对仓储作业提出了更高的要求，希望缩短仓储作业的时间，提高仓储作业的效率。

二、电子商务物流仓储体系管理与控制

（一）库存管理与控制

库存管理与控制的目标是，以最小的库存成本实现仓库的最大化利用，从而获取利润。货物库存成本由订货成本、缺货成本及库存持有成本三部分构成。

电子商务物流的库存控制质量指标主要是货物周转率或者周转天数。其中货物周转率是货物消耗与剩余库存货物之比。在仓库货物能够正常供应的前提下，货物周转率越高或者周转天数越短，则标志着库存控制质量越高，一般而言，货物周转率要求为 6 次或者货物平均周转天数为 60 天。但周转率与周转天数都是事后控制，无法完全反映库存的状况，正确控制存货量和采购地点，还需要进行科学的规划。

（二）订单分析

只有对客户订单进行详细的分析，才能更加合理地进行仓储体系的管理与控制，本部分介绍两种进行库存订单分析时常用的分析方法，EIQ（entry of order、item、quantity，订单、品项、数量）分析法和 ABC 分析法。

1. EIQ 分析法

EIQ 分析法由日本铃木震先生提出，主要从订单、品项、数量三个方面进行订单分析，从而得出在库货物的一些特性，为进行货物的 ABC 分类提供数据分析，实现仓储物流的统筹规划。

EIQ 分析法对 IQ、IK、EQ、EN 等项目进行数据分析，其中 Q 为每个品项的出货量，K 为产品的出货次数，N 为订单出货总项数。

（1）品项数量（IQ）分析：通过 IQ 分析，可以了解单一品项的出货总数量，货物出货量情况和使用频次都能够清晰展现。IQ 的数据分析结果可用于指导仓库设备的选择，IQ 分布趋势越明显表示货物储存和分区拣选方法越适合，从而可以对重要货物进行重点管理。

（2）品项出货次数（IK）分析：分析研究单一品项的出货次数。IK 值越大，说明此种品项重复订购率越高，越适合进行批量拣货。

（3）订单数量（EQ）分析：分析研究单张订单的出货数量，结合分析情况，选择适合的一段时间进行订单量的分析，并进行汇总分析，可以指导选择订单处理方式和拣选系统。

（4）订单出货总项数（EN）分析：分析研究单张订单的出货品种数量。这种订货品项分析，可以及时掌握顾客的订货数据分布，从而提高订单处理效率。通常情况下，

单张订单货物种类不多时，运用单一拣选方式；单张订单货物种类很多时，运用批量拣选方式；当系统中的订单数量较多，并且单张订单的货物种类不相同时，分类拣选复杂，此时可选用订单分割方式。

2. ABC 分析法

ABC 分析法最早用于经济学中，是由意大利经济学家维尔弗雷多·帕累托提出，帕累拖在研究个人收入时发现，社会的大部分财富掌握在少数人手中，剩下的小部分财富却掌握在大多数人手中，帕累拖将这种奇怪的现象通过图表表示出来，称为弗雷多·帕累托图，1951 年，管理学家戴克将帕累拖分析法引入仓库管理中，并命名为 ABC 分类法。

在仓储库存管理中，ABC 分类管理依据货物种类和占用库存资金总数目的比例对仓库货物进行分类整理。在仓库库存中，A 类货物约占总库存资金的 50%~80%，但货物种类约占总库存货物种类的 5%~20%；C 类货物约占总库存资金的 5%~15%，货物种类却占总库存货物种类的 50%~80%；其余为 B 类货物，约占总库存货物资金的 30%~40%，货物种类约占总库存货物种类的 20%~40%。

3. EIQ-ABC 分类法

EIQ 分析法和 ABC 分析法可以单独进行使用，也可以相互结合进行使用。它们可以用于对仓库货物进行分类管理，也可以指导选择合适的仓库存储方式及货物拣选策略。EIQ 分析法中的 IQ、IK、EQ、EN 统计分布图可以利用 ABC 分析法快速查找出相应比例内的订单和产品，从而进行重点分析和管理。通常，首先按照出货量大小进行整理，对于 20%和 50%的订单件数，确定所占比例进行重点分析。假设出货数量集中在少数，可以对货物进行深入分析；出货数量少而且又分散的产品，可忽略或者分区处理，提高规划速度。综合使用 EIQ 分析法和 ABC 分析法，可以优化拣选设备。通常情况下，A 类货物出货量很大，适合自动分拣方法；C 类货物出货量较少，适合半自动或人工分拣方法。

三、电子商务物流仓储体系规划设计

（一）电子商务物流仓库布局规划设计

1. 仓库布局规划的含义

普通仓库一般由物料存储区域、验收分发作业区域、管理室和辅助设施共同组成，仓库的布置规划在对上述区域的空间面积配置做出合理安排的同时，重点对仓库的存储区域的空间及技术要求、设备选择及作业通道宽度等进行规划设计[9]。

仓储货物的空间规划是普通仓库规划设计的核心，储存空间规划的合理与否直接关系到仓库作业的效率与储存能力。储存空间规划的内容包括：存储区域面积规划、柱子间隔规划、库房高度规划、通道宽度规划。

电子商务物流仓库布局与传统的仓库布局既有相似，又有不同，电子商务物流仓库不仅关注仓库实体的功能区域的布局与规划，更核心的是进行系统设备的选择和布置。

2. 仓库布局规划的方法——SLP 分析法

SLP（systematic layout planning，系统布置设计）分析法是工艺专业化布局时常用的方法，通过分析各工序（作业单位）之间的物流强度，来帮助确定作业单位的布局位置。

首先，分析作业单位之间的物流与非物流的相互关系，得出各个作业单位之间的相互关系表，分析作业单位之间的物流程度，即物流强度决定作业单位之间距离的远近；其次，根据相互关系表，可以确定作业单位的位置相关图，物流强度大的作业单位布局要尽量接近，相反作业单位之间要尽量安排远些；再次，将作业单位实际占用地的面积、可用面积与作业单位位置相关图结合起来，形成面积相关图，通过对面积相关图的修正和调整，可以得到最终的布置方案；最后，通过对各个方案进行评估和选择，选出最佳的布置方案。

运用 SLP 分析法进行仓库布局设计的程序如下。

第一步，确定基本物流要素。通过资料收集，可以确定仓储系统规划的五个基本要素，即 P（物流对象）、Q（物流量）、R（物流作业路线）、S（辅助服务部门）、T（物流作业技术水平）。

第二步，作业流程分析。利用作业流程分析图将不同性质的作业单元分类，整理统计各作业阶段的储运单位及作业数量，标出各作业单元所在区域，即可看出各作业单元之间的物流强度，进一步分析出作业区域的位置，测算其能力，估算各作业区域的面积。

第三步，物流分析。这个分析过程是 SLP 的核心，是对物流线路和物流量进行分析，目的是尽量减少物流量与缩短物流距离，以提高物流运作效率，降低物流成本。用物流强度和相互关系表来确定各个区域的物流关系的强弱，绘出物流相关图。

第四步，活动相关性分析。对物流活动区域与辅助性区域进行相关性分析，从而确定区域之间的物流强度及相对位置。

第五步，确定初步方案。通过物流相关性与非相关性确定布置方案，然后考虑修正条件，如物料搬运的方法、建筑特性、道路、绿化等，以及实际的约束条件，如实际场地的面积、建筑成本、相关政策等。

第六步，最后评估与选择。对初选方案进行全面的评估，选择最优方案。

根据以上步骤，我们可以得出 SLP 分析法系统布局分析步骤图，如图 2.6 所示。

SLP 分析法在仓储规划布局中的应用使得布局设计由定性阶段发展到了定量阶段，目前在布局设计领域得到了广泛的应用。

（二）电子商务物流仓库储位分配策略

储位分配，即对货物在仓库中的存储位置、存储状态进行规划，是仓库规划工作的内容之一，其要求对货物储位进行合理安排，使得商品能够完整保存，易于仓库作业，最终达到运营高效合理化。总而言之，储位分配的合理性直接影响到仓储作业中心的顺畅性。

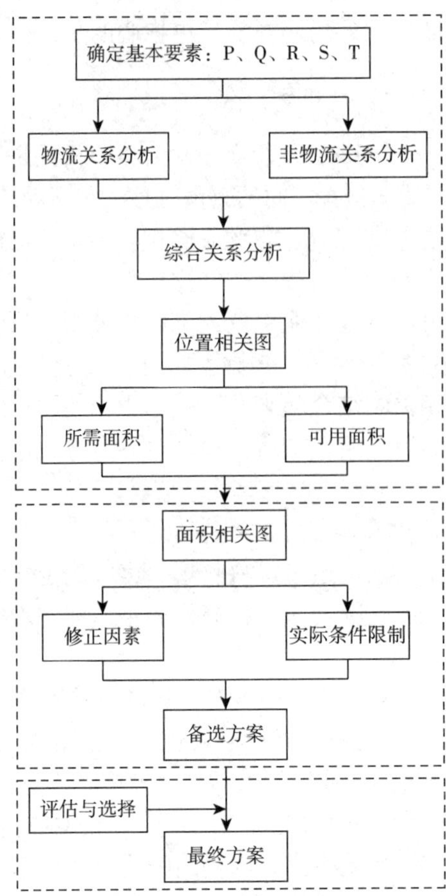

图 2.6 SLP 分析法系统布局分析步骤图

1. 电子商务物流储位分配原则

一方面，传统物流仓储已经总结出较多的经验，这些经验对于电子商务物流仓储建设仍然适用；另一方面，电子商务物流与传统物流又有着诸多差异，必须总结新的合适的经验。电子商务物流仓储规划中储位分配应遵循以下原则。

（1）货物应面向通道进行存放。货物面向通道存放可以方便货物的进出存取和快速移动。

（2）将货物向高处进行堆放，提高仓库的空间利用率。

（3）根据货物的出入库频率安排储位。出入库频率较高的货物应靠近出入口和作业区，反之则可安排在较远的储位。淡旺季产品的储位也需要进行及时的更换。电子商务物流中商品品项多、批量小、批次多、拣选任务大，因此根据出入库频率安排储位意义重大。

（4）货物遵循先进先出的原则。靠后入库的货物应该放在先入库的货物单货物的后面或上面，保证先入库的货物能够尽快发出去，防止货物过期等情况的出现。

（5）根据商品的重量和实际形态安排储位。重量较大的商品应安排在较低的储位，反之则可以安排在较高的储位，电子商务物流中商品品项基数大，商品在数量、形态和质量上差异较大，因此对货物进行分类存储提高了效率，保障了作业的安全。

2. 电子商务物流储位分配策略

传统物流的储位分配策略同样适用电子商务物流，主要有以下五种策略。

（1）定位储存。定位储存策略即将货物按照一定的标准进行分类，并存储在特定的储位，不同的商品不能够交换储位。商品的储位数量被严格限制，即大于该商品的最大可能在库数量。采用定位存储的策略时，其一，应该考虑商品的尺寸和重量；其二，应该考虑商品存储的条件，如需要恒温保存还是冷藏等；其三，易燃易爆的产品、易发生化学反应的产品必须按照相关的法律法规进行存储；其四，重要的商品要进行保护；其五，商品分区需方便记忆，以提高存储效率。

（2）随机存储。每一种商品的储位都是随机分配的，且可以进行随机改变。这一策略常常将工作人员的工作习惯与靠近出入口的空间利用原则相结合使用。

（3）分类存储。分类存储即根据商品的物理属性、化学属性、尺寸、重量、品牌等特征进行分类，每一个大类的商品会存储在固定的区域，该大类下的商品则按照一定的分类规则进行存储，进而完成储位分配。

（4）分类随机存储。每一个大类的商品拥有固定的存储区域，但该类别之下的商品采用随机存储方式，因此分类随机存储拥有分类存储和随机存储策略两者的优势和劣势，需要的储存空间也介于二者之间。

（5）共同存储。在确定每种商品在库时间的条件下，不同的商品能够共用同一个储位，这种储位分配方式能够极大地提高仓库的利用率，但是在实际的操作中，人工并不能够准确地预测每一种商品的在库时间，因此这一储位分配策略很难实现。

当前电子商务物流发展的大浪潮之下，电商企业只有不断创新，才能不断发展，储位的分配关系到仓储系统的运作效率，对于整个系统的提升与发展具有举足轻重的作用。

（三）电子商务物流仓库分拣策略选择

分拣作业也是仓库作业的重要程序之一，是货物由存储到配送的过渡，电子商务物流企业根据仓库、货物品类、订单的实际情况，合理选择分拣方式，也是优化电子商务物流仓储系统的重要举措。本部分主要介绍两种货物分拣方式：摘果式分拣法与播种式分拣法。

1. 摘果式分拣法与播种式分拣法

摘果式分拣法，即每一次只拣选一位客户的订单，拣货人员在货架之间来回拣选商品，直到将一位客户的订单拣选完毕，一次拣货完成，形似于摘果。

摘果式分拣法主要有以下特点：①每人每次只处理一个客户的订单，按照客户的不同分别进行拣选；②要求电商企业仓库已经实现信息化管理，库位管理到最小货位；③按照电子标签指示完成拣货，操作简单；④设置多个拣货区能够提高拣货效率。

摘果式分拣法的操作流程：首先由订单系统发出拣货指示，此时按照每位客户的订单进行拣货，根据实际情况选择整箱拣货或拆零拣货，一位客户的订单拣选完毕后放置到集货区进行出货。摘果式分拣法流程图如图2.7所示。

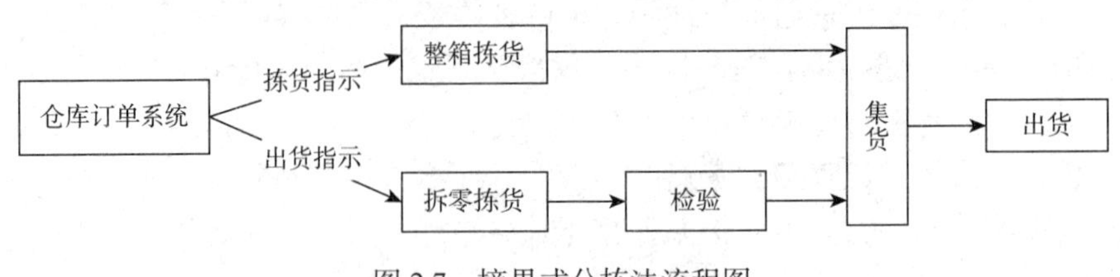

图2.7 摘果式分拣法流程图

播种式分拣法，即把多份订单（多个客户的要货需求）汇总成为一个拣货批次，先把其中每种商品的数量分别汇总，再逐个品种对所有客户进行分货，形似播种。播种式分拣法主要有以下特征：①先按照商品别拣货，然后按照客户别分货，先集中后分散；②按照商品别进行拣货时，不用采用电子标签管理到最小货位，只需要为每一位客户配备电子标签；③设置多个拣货区可以提高拣货效率。

播种式分拣法的操作流程：首先将多个客户的订单汇集成为一个拣货批次，进行集中拣货，其次根据不同客户的订单进行分拣。播种式分拣法流程图如图2.8所示。

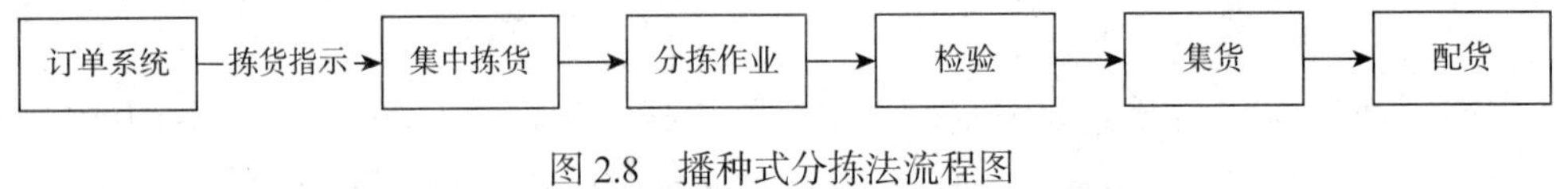

图2.8 播种式分拣法流程图

2. 摘果式分拣系统与播种式分拣系统的比较

1）平面布局面积

摘果式分拣法需要更大面积的分拣区域来完成最后的分流集货，一般会布局较长的分拣线；播种式分拣法则不需要大面积的分拣区域来布局分拣线，而是替换成为拆零分拣区域，即采用播种式分拣法能够得到更大的仓容面积和作业区域。

2）硬件设施与成本

应用电子显示标签的摘果式和播种式分拣系统，其硬件组成主要有：装有电子显示标签的货架，以及配套的流水（输送）线。从外观形式看，这两种分拣系统的硬件的主要区别是：摘果式分拣系统货架和流水线的长度远远大于播种式，宽度的差别不大。

摘果式分拣系统，一般要求每一品种货物占用一个货位，对应使用一个电子标签。国内现有的摘果式系统货架，一般每米长度可设置10个左右（8~12）的货位，因此2 000个品种的摘果式分拣系统，其货架长度约为200米。配套的流水线长度一般会大于货架的长度。

播种式分拣系统，其每个电子标签（货位）代表一张订单（一个客户），因此货架长度和分拣的品种多少无关，用很短的货架分拣线就可以处理品种数巨大的订单。

因此，在分拣处理能力相等的条件下，由于摘果式的货架、流水线长度远大于播种式，所以摘果式分拣系统在占地面积、设备造价、操作人员数量、使用费用等方面，将远大于播种式分拣系统。

3）作业流程

根据图 2.7 和图 2.8，播种式分拣法与摘果式分拣法作业流程完全不同，前者先集中后分散，后者则先分散后集中，各有优劣势与使用范围。

4）作业量与耗费工时

在补货时段，摘果式的补货作业，包括从仓储区将该批次所需货物拣出，以及按品项巡行于数千个货位，逐个放到拣选货位上。播种式的补货作业，包括从仓储区将该批次所需货物全部拣出，以及逐个放到分拣线上。两种方式比较，摘果式的补货作业，多出了需要巡行数千个货位的行走动作距离，作业量更大更加耗时。

在拣选阶段，摘果式的沿线拣选，是从货架上取货放到流水线上；播种式的沿线分货，是从流水线上取货放到货架上。这两个互逆的拣货动作，耗时基本相当。但是，一方面摘果式的流水线长度远大于播种式，并且摘果式的货位多、转换多，周转箱移动的阻碍也多，造成摘果式分拣线的周转箱移动速度往往低于播种式。另一方面每当货架上货箱装满以后，播种式分拣需要做一个换箱动作。此外，播种式分拣还要间歇性进行数量复核。完成这两件事情所需的时间，大约等于 10%的拣货动作时间。综合比较，在这个拣选时段，两种方式的作业量与耗费工时大致相当。

在复核装箱阶段，复核装箱是摘果分拣方式特有的，即将流水线上的订单商品逐一核对数量，降低了出错率，但是增加了工作量和工作时间。相反，播种式分拣没有复核箱数的阶段，虽减少了工作量与耗时，但增加了出错率。

在集货待运阶段，两种分拣方式耗时与工作量相当。

综上所述，对于同样的分拣量，摘果式的行走距离较大、动作多、耗时长、差错率高。因此播种式优于摘果式。另外，尽管摘果式对单个订单的响应速度较快，但是播种式可以高效处理成批订单，其完成一份订单的平均时间要少于摘果式。提高自动化程度后，播种式依然优于摘果式。

3. 拣选方式的选择

在实际物流作业中，到底选择哪一种拣选方式，必须根据实际情况进行裁定，如当客户订单量较小，订单数量较多，订单较为紧急等情况下，可以选择摘果式分拣法；当单个客户有批量性订单，但订单数量较小时，可以采用播种式分拣法。

第三节　电子商务物流配送体系

一、电子商务物流配送的定义

配送是物流系统中的重要环节，也是物流服务链中最接近客户端的环节，日本《物流手册》中将配送定义为：货物从配送中心到顾客之间的空间移动。而将运输定义为：从生产厂到配送中心的物品空间移动。《现代物流学》中将配送定义为：配送是一种现代送货形式，实现了资源的最终配置；按照客户的需求，在配送中心或其他物流节点用最为合理的配送方式将货物送到用户手中。

电商环境下，物流配送环节仍然是关键环节，快递企业是电商发展环境下发展最为迅速的企业，也是配送环节最为主要的承担者，同时作为最末端的环节，配送的服务水平直接影响着顾客的满意度。

二、电子商务物流的主要配送模式

电商环境下，网购已然成为一种热潮，而电子商务物流的配送环节主要有以下几种形式：设立自提门店或自提柜进行配送；与便民机构合作进行配送；定点但时间随机，某时间段内等待用户签收；配送员直接送货上门完成配送。

综合上述的多种配送形式，我们可以归结出在电子商务物流环境下的两种配送模式：自提模式与送货上门模式。

（一）自提模式

电子商务物流配送中的自提模式，即用户按照配送商的相关要求，自行到配送商指定的地点，如自提柜、自提点、合作的便民机构及送货员指定的取货地点进行取货。

从物流企业方面来说，自提模式可以克服配送商与客户的时间无法对接而导致配送失败的问题，节约了一定的额外成本，也实现了资源的整合，但是建设自提柜或自提点，与便民机构合作，也会增加物流企业的配送成本。同时，通过与便民企业合作的配送模式，企业无法直接与用户进行交流，很难获得用户的真实反馈，无法发现问题所在，不利于树立企业的形象。在偏远地区，自提模式效率较低，运营成本高，并不一定能够实现。

从客户方面来说，自提模式下，第一，客户能够自助完成取货，更加的方便快捷；第二，当货物出现破损或遗失时，客户的问题并不能及时解决；第三，自助取货也需要客户花费一定的成本。

（二）送货上门模式

送货上门模式，不难理解，即物流配送商将货物直接送达客户手中，是一种“门对门”的配送。与自提模式相比较，送货上门模式用户能够更加方便快捷地收取货物，并且当货物出现破损或遗失时能够很快界定责任人，但这一模式的配送成本较高，且当派件员上门配送时，若用户不在配送范围，需要进行二次配送，又会产生较大的额外成本。

因此，对于当前而言，自提模式相对于送货上门模式具有明显的成本优势，也是当前电商企业采用较多的一种模式。

三、电子商务物流共同配送体系

（一）共同配送的含义

共同配送最早起源于日本，又称为协同配送、联合配送或者合并配送。物流术语中的共同配送定义为："由若干个企业联合起来，共同进行配送的物流活动，共同配送以实现配送优化为目标。"[10]目前，我国的共同配送体系仍然处于起步阶段。

在电子商务物流的背景之下，共同配送是指在电子商务市场中，不同的电商企业或快递物流企业将订单汇集并进行统一配送的活动。例如，当前的菜鸟驿站、小麦公社等，均属于共同配送的模式。

（二）共同配送的组织模式

共同配送的主要组织模式有两种，即以区域形成的共同配送体系和以行业形成的共同配送体系。

以区域形成的共同配送体系，是以区域为分界线形成的相对独立完整的共同配送体系。同区域内需要参与共同配送的企业出资建设大型的配送中心，并将货物汇集在配送中心进行统一配载和配送，相对于各企业分散性的配送，共同配送体系更具成本优势和规模效应。

以行业形成的共同配送体系，是这一行业供应链资源的整合。不同行业的产品特性有差异，对于配送中心的设施条件需求也不尽相同，因此同行业的供应商、批发商、零售商共同投资建设配送中心，整合资源，实现共同配送。

（三）共同配送体系的优势

共同配送体系的建设是对末端物流配送资源的整合，不同企业之间、不同行业之间共用配送中心，协调合作，对同一区域或同一行业的用户进行管理，企业可以通过共同配送获得较大的经济效益。共同配送主要的优势有以下几点。

（1）共建配送设施，节约投资成本。同区域或者同行业的企业共同投资建设配送中心，避免了企业内部重复建设配送设施，从整体上节约了企业固定投资的建设成本，但企业配送服务水平不变。对于用户较为分散且需求较小的区域，企业共建配送设施，优势将更加明显。

（2）集中配送服务，节约配送总里程。在共同配送的体系下，配送中心的工作人员由原来的在较大区域进行分散配送转变为在较小的区域进行集中配送。因此，共同配送相对于企业单独进行配送活动，极大地节约了配送的总里程。

（3）提高配送效率，获得规模效应。共同配送将多个企业的配送区域进行集中，降低重复配送的次数，以更少的人力资源和设备资金的投入，获得更好的配送服务，提高配送工作的效率。另外，在分散区域进行集中配送，在用户较少和偏远的区域，更能够发挥其规模效应。

四、电子商务物流同城配送体系

（一）同城配送的定义

同城配送是在一定合理范围内按照用户的订单需求，将用户的货物及时准确地送达用户的一项物流配送服务，这里的合理范围一般以城市为中心辐射到周边区县，范围不宜太大；所涉及的物流配送服务是“配”与“送”相结合，对用户的货物进行采购、分拣、加工、包装、装卸搬运已完成配货，并以最快的速度送达用户手中[11]。

同城配送与干线运输是物流活动中两个不同的阶段，我国绝大部分物流业务都是先有干线运输，再由同城配送将货物送达客户手中，因此同城配送与干线运输在诸多方面存在着差异。

（二）同城配送的主要模式

同城配送是一定区域内的物流配送服务，存在多种运作模式，根据经营主体的不同分类，主要介绍三种同城配送模式，即自营配送模式、外包配送模式、联盟配送模式。

1. 自营配送模式

自营配送模式，即企业根据自身的发展需求与经营战略，在一定区域内自建配送体系进行货物的配送。自建配送模式在中国“大而全”与“小而全”的经营理念里较为常见，企业根据自己的配送中心、服务网络与用户分布建立自营性的配送体系，能够对配送服务实现较好的管理，同时实现对物流、信息流、资金流的管控。

2. 外包配送模式

外包配送模式，即企业将自己的同城配送业务部分或全部外包给专业的配送服务企业，也称第三方物流企业，企业通过第三方物流企业的信息平台了解本企业货物的配送情况，并进行监控和管理。外包配送模式相对于自营配送模式，一方面不用进行配送中心等固定设施的投资，也不用对配送网络进行经营，能够节约企业一定的运营成本；另一方面，企业在一定程度上也失去了对配送系统的管控权。因此，企业在选择第三方配送方的合作伙伴时，必须进行综合的评估，以降低经营的风险。

3. 联盟配送模式

联盟配送模式，即各个配送区域重合的企业，通过优势互补、建立战略联盟的形式，共用资源、共享信息，如配送中心设施、服务网络、信息共享平台，从而在这种协同作业中，拓展企业的服务网络与服务范围，从而提升配送效率，降低配送成本，实现共同盈利。

（三）同城配送模式的选择

企业根据自身战略目标选择不同的同城配送模式，以实现经济效益的最大化，其中将涉及多种因素的评估和考量，最后进行综合的选择。一般企业选择何种配送模式会考虑以下几点因素：

（1）配送成本。成本是企业选择配送模式的重要因素，合理的配送模式能够降低企业的运营成本，实现资源的优化整合，进一步提升企业的竞争力。因此企业会在考虑成本要素的前提下，选择最适合的配送模式。对于资金雄厚、规模较大且订单较多的电商企业，在考虑配送成本的前提下，多倾向于选择自营配送模式，在企业体制内部进行成本控制，使得配送体系与其他作业环节联系紧密，促进物流、信息流、资金流的高效流通。

（2）产品供应保证度。产品是否能够持续地供应到市场或用户，是企业能够稳定发展的保证，因此企业选择的配送模式是否能够提供持续稳定的物流配送服务，也是企业需要考量的重要因素。例如，对于生鲜、果蔬类企业，选择同城配送模式时，持续性与时效性尤其重要。

（3）经营战略。企业的经营战略是企业通过对企业内外部环境的分析，提出的战略目标与具体的规划。因此，在企业制定的发展战略中，配送能力在企业的经营战略中的地位也将影响配送模式的选择。若配送能力是企业核心竞争力的一部分，那么企业将更倾向于选择自营配送模式或联盟配送模式，使配送中的因素变得可控；若配送能力对企业的核心竞争力影响并不大，企业则可能多倾向于选择外包配送模式。

案例分析

京东的物流体系

京东，作为中国自营式电商企业中的佼佼者，由创始人刘强东担任 CEO，旗下设有京东商城、京东金融、拍拍网、京东智能、O2O 及海外事业部等。京东采用自营物流与第三方物流合作的模式，京东物流隶属于京东集团，是中国电商企业自营物流的一道靓丽的风景线，京东物流通过在全国布局自建仓储配送网络，已经成为涵盖仓储、运输、配送、客服、售后等一体化供应链服务的解决方案提供商。

截至 2016 年 9 月 30 日，京东物流已经形成了中小件物流网、大件物流网和冷链物流网的三张网布局，拥有 7 个智能物流中心、254 个大型仓库、550 万平方米的仓储设施、6 780 个配送站和自提点，完成了对全国 2 646 个区县的覆盖。其中，中小件物流网已覆盖中国大陆 93%的区县，211 限时达及次日达订单占比已经达到了 85%，大件物流网已全面覆盖中国大陆的所有省级行政区，冷链物流网则通过七地生鲜仓覆盖全国，目前依旧在快速扩张中。

1. 京东物流核心原则：减少搬运次数

当前快递市场的企业，如“四通一达”、顺丰，它们追求的是如何让货物快速、低成本流动，这种模式每个点都在收货，每个点都在送货，所以导致网络非常复杂。而京东的物流模式非常简单，就是从仓储送到消费者家里，点和点之间。京东运营体系设计核心是减少物品流动，希望商品生产线上下来，甚至还没有生产的时候就告诉厂家，京东每个库房的需求量，第二次搬运就是从库房搬到消费者家里去，中间过程没有代理商、经销商，没有库房之间的搬运，每次搬运都是有成本的，每次搬运都是有损耗的，而且都是需要时间的。

京东是仓配一体化的模式，在建的仓库越多，货物离消费者越近，导致货物移动的距离越短，搬运次数少，所以物流速度不断加快，成本降低，因此这是一个正向循环，物流网络规模越大，物流规模效益就越明显。

2. 京东的战略框架：倒三角理论

倒三角理论一直是京东所采用的战略框架，在京东的发展历程里，京东做的所有战略都是在这个框架里面，从来没有离开过这个倒三角理论。京东倒三角理论框架图如图 2.9 所示。

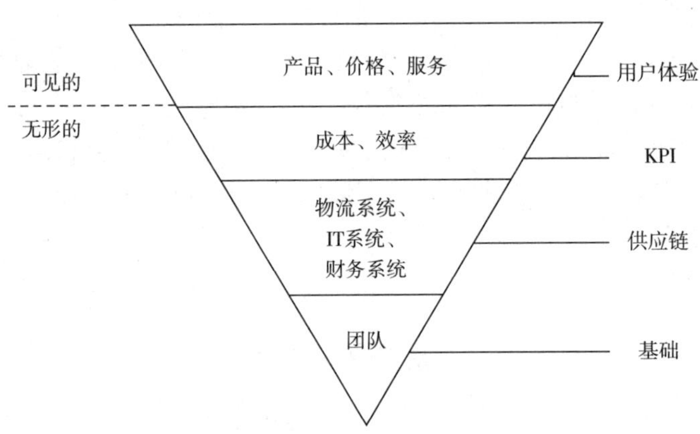

图 2.9 京东倒三角理论框架图

KPI：key performance indicator，关键绩效指标

如图 2.9 所示，倒三角形分为四个横向，最底层是“团队”，倒数第二层是“物流系统、IT 系统、财务系统”，倒数第三层是“成本、效率”，最上面一层是“产品、价格、服务”。这四部分对京东的意义分别是基础、供应链、KPI 及用户体验。

倒三角战略是由下往上发展，第一层是团队，京东为打造自己的物流团队，参与高校合作，培养团队整体的理论水平，并采用多种有效的激励政策，致力于为京东打造一支专业化、高水平并具有创新能力的团队。第二层是物流、信息与财务体系，是京东发展的运作体系，京东自建物流的原因还要归结于中国快递的通病：成本高，服务品质比较低。但其中最重要的原因可以归纳成是用户体验。京东物流的用户体验是其他电子商务物流企业无法超越的，如顺丰虽能够经送货速度做到很好，但物流成本过高，并不能给用户带来很好的体验。

3. 京东发展理论：十节甘蔗理论

刘强东认为，创造价值才能得到回报是所有商业模式的基础。为此，他提出了针对消费品行业的十节甘蔗理论，即零售、消费品行业的价值链分为创意（创意专卖店）、设计、研发、制造、定价、营销、交易、仓储、配送、售后10个环节，其中前5个归品牌商，后面5大环节则归零售商。十节甘蔗理论结构图如图2.10所示。

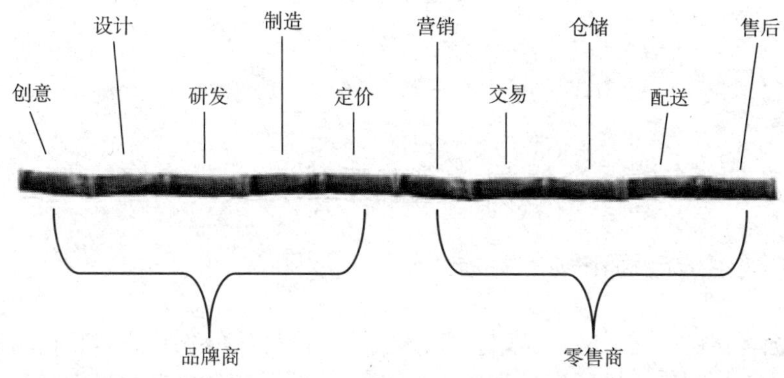

图2.10　十节甘蔗理论结构图

一节甘蔗的长短短期来看是可以发生变化的，但长期来说是固定的。当进来的品牌过多时，竞争变激烈、利润减少，那么这节甘蔗就变短了。所有标准化产品，零售商正常的净利润率都维持在3%~5%。沃尔玛做得这么成功，是因为沃尔玛做的事情多，它吃了的甘蔗有四节、五节，如果是纯平台，你没做仓库，没做配送，没有做售后服务，做的事情只有两节，利润当然没那么多，这是一个自然的商业规律。所以从长期来看，市场规律导致了行业和品牌的利润相对固定在一个合理的水平上。

京东的做法是“吃掉更多的甘蔗节数”，即不只是做交易平台，还要将业务延伸至仓储、配送、售后、营销等其他环节。所以，我们可以看到，京东在2007年开始独立模式自建物流业务模式，逐步建立了自己的仓储、配送设施和全自营的队伍，支撑了京东百亿元销售规模。到2016年，京东物流将全面转向开放化和智能化的时代，京东物流的供应链产品、数据产品、金融产品、信息系统产品开始转向社会化，也将涉及更多的领域。

生鲜电商冷链物流

第一节 生鲜电商冷链物流现状概述

一、目前中国生鲜电商市场的背景

目前中国经济的“互联网+”热潮方兴未艾，无论是从传统行业向互联网领域渗透转型，还是根植互联网沃土进行原始创业，都展示出对“互联网+”的极大热情，而这很大程度上得益于互联网领域公平透明的竞争环境，给了更多人、更多企业崛起的机会，也扩大了原有市场的红利空间。以“互联网+农业”市场空间来看，有 10 万亿元的市场规模，其中农产品市场预计将占 50%的比重，意味着有 5 万亿元的市场总量。

生鲜电商作为农产品电商的重中之重，其市场空间同样不容小觑。生鲜电商是“互联网+”影响和渗透的“最后一片蓝海”，也是各方势力争夺的战略高地。毋庸置疑，生鲜电商需要强有力的供应链与物流体系作支撑。

对于中国生鲜电商来说，当前是最好的时代，也是最坏的时代。一方面，生鲜电商备受追捧，甚至被业界视为电商领域的“最后一片蓝海”，市场空间巨大；另一方面，在充满速度与激情的快速增长背后，生鲜电商也经受着供应链建设与冷链物流发展滞后这两大短板的双重考验，面临产品品质难以保障、消费者满意度受到影响、企业经营成本居高不下等突出问题[12]。

二、生鲜电商的三种模式

当前的生鲜电商模式比较清晰，基本上都是围绕着去中间化、渠道扁平化的目标展开。生鲜电商的模式主要有以下三种。

（1）B2C 平台。直接将生鲜产品销售给消费者。此类模式里又分两种经营形式，一类是纯 B2C，即自身不种植、饲养任何产品，所售卖的产品均来自其他品牌商和农场，典型代表是顺丰优选、本来生活。另一类是自有农场 B2C，即企业自身在某地区承包农场，亲自种植瓜果蔬菜、饲养鸡鸭牛羊等，然后通过自建 B2C 网站的方式直接销售给消费者，因此其所售卖的产品多是自己的产品，当然为了丰富产品也会整合少量其他农场或品牌商的产品。

（2）B2B 平台。面对的是餐饮连锁、生鲜超市、团膳用户等 B 端用户。国内有农科网等农产品 B2B。农产品 B2B 呈现“两极”格局。平台模式以“一亩田”[①]为代表，自营模式以“宋小菜”为代表。从运营资金投入来看，二者都是重资金运营模式，融资均超亿元，耗费的资金量非常大。B2B 平台发展趋势中，“自营+平台”混合模式成创业主流；单品供应链公司将迎来创业风口。

（3）B2B2C 平台。它的基本理念是在现有的 B2C 电商模式中嵌入中间层“B”网络，造就一个 B2B2C 的新模式，将电商平台（如淘宝和京东）或独立商家/分销商（如海尔）与生活在农村的终端消费者连接起来。“B”网络可以解决农村电子商务中的信息、支付和物流问题，并提供面对面的服务以帮助新渠道和商家赢得农村消费者的信任。B2B2C 平台不但能帮助向农民销售产品，也可以成为农民向外销售产品的渠道。搭建电商平台，吸纳其他生鲜食材供应商入驻平台，越过中间批发商环节，直接在线上面对终端消费者。

无论采用哪一种模式，O2O 模式已经融入以上模式之中，通过整合线上线下资源实现供应链的协同。生鲜电商争夺战已经打响，B2C、B2B 领域不断有新的成员进入，但市场整体竞争格局尚未形成，每一个竞争者都具有成为该领域霸主的机会。

三、中国生鲜电商冷链物流的现状

第一，生鲜电商冷链商品消费需求旺盛，市场规模不断扩大。2015 年我国冷链物流总额约为 4 万亿元，年增速达 22%。目前我国冷链市场规模在 1 500 亿元左右，食品和农产品在冷链中占绝大部分，预计到 2020 年冷链物流市场规模将达到 4 000 亿元。

第二，生鲜电商冷链物流整体水平提升，2016 年我国冷库新增 1 150 万立方米，总容量达 1.05 亿立方米，冷库总容量占全球的 17.5%，并且产地冷库建设增多，冷库扎堆建设情况有所改善，冷库市场结构趋于合理。

第三，生鲜电商冷链物流发展的政策环境持续利好，国家“一带一路”倡议深入实施，开创了冷链物流发展的新局面。2017 年中央一号文件《中共中央 国务院关于深入推进农业供给侧结构性改革加快培育农业农村发展新动能的若干意见》《国务院办公厅关于加快发展冷链物流保障食品安全促进消费升级的意见》等都是生鲜电商冷链物流发展的政策利好。

第四，生鲜电商冷链物流标准不断完善，根据《商务部办公厅 国家标准化管理委员会办公室关于开展农产品冷链流通标准化示范工作的通知》，按照“由点到链，由易到难”的思路，确立了三项关键示范任务。另外，依据食品安全法、农产品质量安全法和标准化法，要研究制定对鲜肉、水产品、乳及乳制品、冷冻食品等易腐食品温度控制的强制性标准并尽快实施。

第五，第三方冷链物流企业迅速崛起。所谓第三方是相对第一方发货人和第二方收

---

① 1 亩≈666.7 平方米。

货人而言的。是由第三方冷链物流企业来承担企业物流活动的一种物流形态。第三方冷链物流企业通过与第一方或第二方的合作来提供其专业化的物流服务，它不拥有商品，不参与商品的买卖，而是为客户提供以合同为约束、以结盟为基础、系列化、个性化、信息化的物流代理服务。第三方冷链物流企业专业能力持续提升，规模逐年增大，网络不断完善，涌现出像希杰荣庆物流供应链有限公司、上海领鲜物流有限公司、海航冷链控股股份有限公司、河南鲜易供应链有限公司、招商美冷（香港）控股有限公司等综合性冷链物流企业。

第六，随着互联网的普及，中产阶级人数和 80 后、90 后这些互联网原住民数量不断增多，生鲜电商市场迅速崛起，同时带动了冷链宅配的需求扩张，出现了像安鲜达、九曳供应链、顺丰冷运等生鲜宅配物流企业[13]。

跨界资本的进入也在加速推动生鲜电商的发展。当然我们也要清醒地看到，尽管有如此多的资本进入到这个领域，但各家发展的道路并不都是畅通的，其中也存在很多坎坷，如切入校园水果市场的果仔快跑，打出办公室零食概念的西米网，被全产业链困住的巴山农夫，绕了很大一圈弯路的小农女，因为资金链断裂而失败的美味七七，模式与落地执行出现严重偏差的优菜网等[14]。

四、中国生鲜电商冷链物流的问题

总体来看，我国生鲜电商冷链物流这些年取得了长足进步，但是与生鲜电商冷链发达国家相比，由于起步较晚、基础薄弱，冷链物流行业还存在有效监管不足、标准体系不完善、标准化程度低、基础设施结构失衡、专业化水平不高、企业服务能力不强、人才短缺等问题。具体体现在以下几个方面。

一是缺乏连贯的标准体系，标准约束力不强。标准化程度高低，不仅关系着交易是否能够发生、发生后农产品是否能够顺畅流转，同时也关系着食品安全问题。目前国内的生产标准化、农产品交易前分级做得还远远不够，这其中有传统农业生产技术设施落后的制约，也有农业从业者经营意识有待提高的问题。

二是仓储物流问题。这里面包括的内容比较多，如出村的“最先一公里”，进城后的“最后一公里”，以及冷链物流不断链。物流建设已经成为制约农业生鲜电商发展的重要瓶颈之一，冷链的不完善导致中国农产品流通不出去，即使流通出去，也卖不出好价钱，而且损耗较大。

三是食品安全问题。近些年食品安全成为民生中最为重要的话题之一，一旦发生负面事件，对于电商平台来说就是致命的。电商平台如何确保生鲜产品的品质安全，将是一个非常大的挑战。

四是传统冷链业务竞争激烈，新市场拓展不够。企业运行成本高，经营心态较为浮躁。近几年，冷链物流已成为各方必争之地，很多传统物流企业都开始从事冷链物流，造成国内冷链物流企业数量众多、竞争激烈的现象。居高不下的冷链物流设施设备成本使得冷链物流挑战难度升级。

五是冷链市场规模不大。2016 年中国冷链物流百强企业营业总收入 225 亿元，同比增长 29.3%，百强企业市场份额一直没有明显的扩大，依旧占整个冷链市场份额的 10% 左右，这说明我国冷链物流行业市场规模仍旧不大，冷链行业竞争目前还处在小组赛，行业集中度不高，基础设施分布不均衡。

五、生鲜电商冷链物流的重要事件

1. 京东联合加拿大政府加码生鲜市场

由京东集团主办，加拿大驻华大使馆联合承办的“京东超级品牌日·加拿大好物盛典”完美收官。京东上线了京东生鲜加拿大馆，这也是国内电商的首个生鲜国家馆。此次加拿大好物盛典囊括了众多世界著名的加拿大生鲜产品，有产自新斯科舍省的大龙虾、海参和三文鱼，产自魁北克省的多春鱼，产自纽芬兰省的雪蟹，产自温哥华地区的冷冻蓝莓等，更有鲜活的全世界高质量海产品之一——加拿大龙虾。

2. 马云巡店盒马鲜生“验收”新零售

盒马鲜生是阿里巴巴对线下超市完全重构的新零售业态。盒马是超市，是餐饮店，也是菜市场，但这样的描述似乎又都不准确。消费者可到店购买，也可以在盒马 App 下单。而盒马最大的特点之一就是快速配送：门店附近 3 千米范围内，30 分钟送货上门。马云率阿里高管巡店盒马鲜生“验收”新零售，这也是首次公开亮相为盒马鲜生站台。

3. 山姆会员商店成为国内首家发售美国牛肉的线下零售商

山姆会员商店是世界 500 强企业沃尔玛旗下的高端会员制商店，其名取自零售界传奇人物——沃尔玛创始人山姆·沃尔顿先生。进入中国以来，山姆会员商店一直坚守“优质优价在山姆”的承诺，通过以下三个方面的不懈努力获得会员的一致认可：高品质的商品，有竞争力的价格及热情高效的会员服务[15]。作为国内首家发售美国牛肉的线下零售商，山姆会员商店凭借其全球采购资源优势，大规模引进高品质美国牛肉，预计山姆会员商店的美国进口冷鲜牛肉销量在近年都将领先于国内其他实体零售商。2017 年 7 月 13 日，山姆会员商店在深圳举办美国进口牛肉正式上市发布仪式。

4. 中国西部农产品冷链物流中心项目开建

2017 年，中国西部农产品冷链物流中心项目——“互联网+”农产品电商中心正式在重庆开建。项目主要提供农产品冷藏、保鲜、恒温、速冻、交易、加工、配送等完善的冷链物流服务。项目建成后是西部地区规模最大、设备最先进、功能最齐全的，集海产品、肉类食品、农副产品等的冷藏加工、物流配送、贸易流通、第三方冷链物流为一体的大型交易基地。本项目定位高、功能完善、设备设施先进、辐射面广，能够带动重庆冷链物流的发展，提高物流服务水平，促进现代物流业发展，推动重庆加快建成西部物流中心城市。

5. 牡丹江市成为农产品冷链流通标准化示范城市

近日，牡丹江市被确定为全国农产品冷链流通标准化示范城市[16]，市区两家企业成为全国农产品冷链流通标准化示范企业。成为“中国绿色有机食品之都”意味着牡丹江市今后将获得政策扶持，从而打破多年来质优价低的瓶颈，使更多的优质农产品走向全国、走出国门。牡丹江市是黑龙江高品质农副产品的主要产地，响水大米、黑木耳等在全国都有知名度。近年来，该市大力发展特色高效精品农业，2017 年区域内绿色种植面积达到 480 万亩，首次超出种植总面积的一半以上。牡丹江是全国对俄经贸大市，地产果菜、进口水产品、高档肉制品、乳制品和部分医药产品，在仓储、运输、销售过程中都离不开冷链物流，也成为冷链物流产业新高地[17]。

6. 邮政生鲜速递在崇明启动配送服务

EMS（express mail service，邮政特快专递服务）生鲜速递同城农副产品冷链配送服务已开始在崇明运营，包括享农在内的崇明全区十余个农业生产基地已经开始“尝鲜”，百余份农产品订单正通过 EMS 从崇明发往市区的客户家中。EMS 作为中国快递行业的国家队，其实早就备战生鲜冷链市场。EMS 极速鲜是 EMS 官方微信商城，主营新鲜水果、农特产品等，已正式上线运营。EMS 极速鲜已通过阳澄湖大闸蟹、烟台樱桃、查干湖鱼、广东荔枝低调试水生鲜电商。上述项目累计形成快递近千万单，及时妥投率达 99.8%。

近年来，生鲜电商发展如火如荼，给冷库等冷链相关制冷设备带来无限商机。业内人士分析，冷库建设与规划直接影响生鲜电商收益。政府也充分认识到冷链物流对生鲜电商产业发展的重要性，在政策上给予其鼓励和支持。冷库等冷链物流设施建设短期内仍稳步提升，相关企业需抓住这一黄金发展期。

六、生鲜电商的经济学原理

现在的生鲜电商市场为什么这么火？背后的理论支持就是生鲜电商的经济学原理。此原理并非高深枯燥，反而可以通过简单的定理和图标来诠释生鲜电商市场的风云变幻。

定理一：农产品流通在互联网的冲击下从传统的多层级单向流通开始转向 B2B、B2C 与传统相互结合的网状流通，这种流通渠道的效率更高、交易费用更低，渠道获得的流量更大。

通常情况下，传统的农产品从产地到消费者是这样流通的：首先农产品经纪人到农户、合作社那里收购农产品，其次经由多级批发商到达零售终端，最后到消费者那里。传统农产品流通模式有如下弊端：第一，信息流通不畅；第二，层级太多推高了流通成本；第三，部分环节非自由竞争市场。

经济学提出，哪里效率低、交易成本高，哪里就会存在改良的动机。电子商务恰好可以对以上弊端进行改进。针对上面的三点：首先，互联网提高了农产品信息的流通效率，降低农产品的交易费用；其次，电商及快递物流系统可以减少一定中间环节；最后，电商相比传统商业是个更自由竞争的市场，相比更高效，交易费用更低。除了以上弊端的改进外，电商还有着成本上的优势，其中最大一点来自没有了房租成本。电商冲击后，农产品的流通渠道变成网络状：有的农产品直接由农户开网店卖给消费者（factory to customer，从厂商到消费者，F2C）；有的是经纪人或批发商开网店卖给消费者（B2C）；有的是专业的垂直电商直接到农户采购，然后卖给消费者；也有电商跟线下零售终端进行 O2O 结合。

定理二：通常而言，附加值高且电商难易度低的产品更适合电商模式，反之更适合传统模式；需求分散的小众产品，不论附加值或电商难易度如何，亦适合电商模式。

并不是所有的农产品都适合电商。我们可以用产品附加值和电商难易度两个标准对农产品进行分类，这里的电商难易度是从仓促、包装、物流等方面对农产品进行考核。通过这两个标准，我们把农产品分成四类：

第一类：附加值高，电商难度低，此类产品非常适合做电商。产品举例：有机牛奶（常温奶）、褚橙、松茸等。

第二类：附加值高，电商难度高，此类产品可做电商，但需不断改进储包运技术。产品举例：大龙虾、牛排、红提等。

第三类：附加值低，电商难度低，此类产品亦可做电商。产品举例：米面杂粮、土鸡蛋、苹果。

第四类：附加值低，电商难度高，此类产品不宜做电商。产品举例：豆腐、普通叶菜、鲜活鱼。

定理三：对于标准化和大众需求类产品，大型生鲜电商的运营效率更高，交易成本更低；而非标准化和小众需求的产品，则更适用小生鲜电商运营。

对于工业产品而言，随着产量的增加，边际成本会降低。但是对于生鲜产品而言，很多产品因为不够标准化且仓储包装运输要求高，边际成本并没有随着销量的增加而减少，这种情况下大电商相比小电商的优势并不明显。

如今越来越多的生鲜产品趋于标准化，而且生鲜产品的储包运技术得到改进，这种情况下，随着销量的增加，边际成本随之下降。这样一来，此类产品大电商运营效率更高，经营成本更低。而那些小众需求，以及不够标准化的产品，因为量小或者随着销量增加边际成本没有下降，这类产品反而小商家运营更有优势[18]。

七、生鲜电商难做的九个问题

生鲜电商为何这么难做，背后肯定有一些不易察觉的原因，以下是生鲜电商难做的九个问题。

问题一：生鲜电商是非见面式交易，对体验的要求比线下高，对供应链和配送服务是一个巨大考验。要做到满意度高，对供应链要求和配送非常高。

问题二：生鲜电商是服务于消费升级的增量需求顾客群体，而不是传统型的存量需求消费群体。生鲜电商应该是服务于消费升级的顾客群体，这些顾客在线下环境里，买不到他们希望买到的生鲜产品，满足不了他们的新需求。

问题三：生鲜电商主要就是做好通路，一头连产地，一头连顾客，是端到端的通路。

生鲜电商是应对消费升级需求的商业模式，并且要对口的供应链，所以找批发市场肯定是不对路的，批发市场的产品主要是对接城市里的大小线下零售市场的。有一些做水果电商的，通过在批发市场拿货，配送给顾客。就是做了个搬运工的事，顾客对这种事情是有感知的，不透明的供应链，在顾客那头基本没有溢价能力。所以，很多鲜字辈的水果电商，热热闹闹一阵子后，就逐渐没有声音了。生鲜电商作为一个新的商业模式，需要自己推动供货商转型，专门为电商生产生鲜产品，最主要的是，需要冒出来一批专门为消费升级顾客生产生鲜产品的生产商。

问题四：生鲜电商要做好平台工作。一开始就要以做入口为目标，垂直做得再好，也会被将来的平台挤掉。要保持更多的供给，然后才会撬动更多的需求。平台是入口型的商业模式，垂直不可能成为入口，这一点在线上就表现得更加明显。例如，淘宝和京东，一个是开放平台一个是自营平台，都成为某一类顾客的入口型平台。

问题五：生鲜电商平台，品类越多越好，太少就不是入口型平台了。确定了要做平台，就要舍命狂奔扩充品类，商品越丰富越好，如大家只要买东西，不管最后在哪里买，总是会想起来在淘宝查查看，查一下的时候也许就把东西买了。淘宝成为这个入口，就是因为商品极其丰富，价格透明，选择程度高。淘宝里的生鲜农产品品类也很多。

问题六：做生鲜电商平台，现在首先要做开放平台，而非自营，尽量别介入控货。只要是做自营，速度就不可能快得起来。生鲜是严重非标准品类，在目前这个生产水平下，要做到顾客要求的标准化程度，用自营的方式基本办不到。生鲜电商目前最多也就介入到产后标准化，对于产前的标准化无能为力。

问题七：能与入口型平台匹配的基本需求，就质量、服务和价格这三条。入口型平台的基本供给，基本也就质量、服务和价格这三个维度了。平台的流量重要，但是流量的来源和流量的成本更重要，还有流量的转化也是一个需要重点考量的要素。生鲜电商转化很难，一味的低价其实招徕的不是目标客户，也不是忠诚客户，不可长久。生鲜电商的价值链，在于产品质量和平台的服务，而限制因素在价格。

问题八：要使消费者自然改变消费习惯，质量、服务和价格三个维度的总价值要提升 30%以上。在生鲜电商出现之前，消费者只有一个生鲜购物的场景，就是线下。现在要想把目标客户的消费场景和习惯从线下转变到线上来，按照一般的理论，这个新的模式必须要有 30%以上的价值提升，甚至更高，否则目标客户不会轻易转变。

问题九：生鲜电商是消费升级催生的商业模式，消费升级再催生供给升级。生鲜电商最值钱的部分应该是高效率、高密度连接升级的需求和升级的供给。

如何解决好这九个问题，是理论界和实业界关注的焦点。

第二节　国外生鲜冷链情况

一、美国冷链物流是如何做到无缝衔接的

美国铁路是冷链物流的发源地，而美国与我国在国土面积、铁路规模等方面情况较为类似，我国是否可以借鉴美国发展生鲜冷链专列运输的经验，提高铁路运力效率、降

低生鲜冷链运输成本呢？

1. 冷链完整，成本低

冷链物流产品的完整性和运送速度是影响铁路冷链物流发展的关键指标。例如，快运走廊（express lane）和冰冷快线（ice cold express），为美国东西海岸间易腐货物的交流提供了铁路无缝衔接快运通道，不仅减轻了客户与多家铁路公司洽谈的业务办理负荷，还提高了铁路全程运输速度，为横跨北美大陆的易腐产品物流提供了更好的通道。美国东西海岸间的铁路冷藏快运列车运行速度较快，其运输成本则比公路要低 5%~15%，因而具有较强的市场竞争力。

2. 冷链物流装备技术完善

美国铁路从早期在铁路冷藏车数量上的发展，到如今注重冷藏装备的功能、性能、质量和运用效率的改善，装备技术有较大提高。美国 BNSF 公司于对铁路冷藏车型进行了全部升级换代，一辆新型铁路冷藏车可装四辆卡车的货物量，有效提高车辆载重利用率，降低运输和装卸成本。BNSF 新型铁路冷藏车具有更强的制冷控温能力，包括增设运送新鲜物资时的换气功能，具有智能化操作及远程测控功能，装配有全球定位系统（global positioning system，GPS），实现实时定位追踪管理及远程故障诊断功能，能够更好地保障运输质量和物资安全，提高车辆利用效率，更好地满足冷链物流市场对时效性和成本效益方面的要求[19]。

3. 分类定制冷链物流服务方式

针对客户在运输品类、批量、运到时限等方面的不同需求，结合提前预订量的不同，美国铁路会给出不同运输产品的运价方案。对于运输时效性要求高的商品，铁路运输速度快，运价也会相对较高。铁路的运价标准一般会公开发布，但实际上铁路通常会根据市场情况与客户协定合同运价。通常多式联运产品的等级最高，其次是联合运输产品，之后才是普通单元列车等。

4. “（冷）库到（冷）库”无缝衔接

通过与公路运输或物流公司等多方合作，铁路冷链物流服务方式开始从“站到站”向“（冷）库到（冷）库”发展。铁路线被越来越多地延伸至冷链物流配送中心——冷库或食品加工生产基地的厂库设施中，铁路冷藏车可以直接进入冷库进行装卸及转运作业，这不仅能实现完整意义上的全程冷链物流，还能够提高装卸作业和转运效率，并且很好地解决公铁联运方式中的铁路大批量与公路小批量运输的匹配问题，实现高效率、高质量的公铁联运无缝衔接。

二、中美冷链物流对比

发达国家，如美国、日本的冷链物流行业发展已经进入发展稳定期，无论是行业格局还是技术应用都已经到达非常成熟的水平；相比之下，我国冷链物流行业起步较晚，需求迟滞导致供给不足，直到近年来，消费结构升级、人们食品安全意识不断提高，以及生鲜电商的高速发展，刺激冷链物流的需求端放量，促使供给端逐渐加强冷链设施建设，推动冷链市场规模不断扩大[20]。

美国冷藏干线运输行业处于成熟期，目前，美国冷藏干线运输 1 000 千米以内可以 24 小时送达，冷链运输的时效性得以保证。中国 2014 年公路网络里程数达到 446 万千米，仅次于美国。

我们认为，参考美国的发展经验，我国冷藏干线运输行业发展趋势有以下三点：一是越来越多的企业着力发展全国性干线网络，形成规模效应；二是随着市场竞争程度提高，优胜劣汰将会使行业集中度不断提升；三是单独的冷藏干线运输业务营利能力偏弱，综合型冷链是中国冷链市场未来发展方向。

1. 行业分工：美国分工明细，但综合型冷链才是中国的发展趋势

发达国家与中国冷链物流市场的最大差异体现在发展阶段不同导致的专业分工明细层面上，如美国冷链物流市场的分工异常明确，各方参与者各司其职、环环相扣。由于分工明确，美国冷藏干线运输公司主业经营的纯度较高，即使同时经营其他业务，也基本限定于运输业务（如专用运输、多式联运），而不包括仓储、分拣、加工等业务。

相比之下，中国冷链物流行业仍处于发展初期，专业化的分工尚难形成，大部分企业提供一揽子服务。根据中国物流与采购联合会冷链物流专业委员会（以下简称中物联冷链委）的分类，将我国冷链物流企业划分为 6 种经营模式，包括运输型、仓储型、配送型、综合型、供应链型及“互联网+冷链物流”平台模式，其中运输型、仓储型、综合型冷链企业占比接近 85%，而供应链型企业占比最少，为 4%。

我们认为，中国冷链物流企业多项经营的原因在于：

（1）行业正在起步阶段，单一业务难以保证企业的收入和利润。从中物联冷链委统计的 2015 年中国冷链物流百强企业情况来看，运输型冷链物流企业数量占比最多，为 43%，其营收占比仅为 37.8%，而综合型和供应链型冷链物流企业数量占比分别为 25% 和 4%，但其营收占比却达到 32.7% 和 10.3%，因此冷藏干线运输企业通常会兼营仓储、配送等形成综合型业务，以提高自身盈利水平。

（2）行业中各个环节的连接工作尚不能有效进行，如果不进行一揽子服务，很有可能造成断链，影响服务质量，因此冷链物流企业不得不当起多面手，提高客户黏性。

我们认为，虽然像美国那样的细致分工的格局使得冷链物流的每一个环节都保证专业化和高效率，但这种模式是建立在下游客户的综合素质比较高、每个环节的衔接流程非常程式化的前提之上的。根据我国的国情，我们认为，营利能力较高的综合型冷链物流商将是我国冷链物流未来的发展方向，虽然这种商业模式对于企业来说难度和挑战更大，但至少在短期内细致的专业分工格局并不适用于中国国情。

2. 集中度：美国有序竞争，中国呈现“散、乱、差”特征

冷藏干线运输行业进入壁垒较低，只需投入冷藏车的成本即可开展冷藏长途运输服

务，经过多年发展，美国冷藏干线运输行业集中度依然较低，但近年来有所提升，目前呈现有序竞争的格局。

反观中国冷藏干线运输行业，2013 年中国冷藏干线运输行业百强企业的市场份额仅为 10%，集中度非常低，行业“散、乱、差”现象严重。进入门槛低导致冷藏干线运输行业鱼龙混杂，小企业大多使用不规范手段进行运作，以低价竞争，对严格遵照冷链运作流程发展的大中型企业造成了较大的冲击，使得行业整体服务水平不高，处于无序竞争的状态。

中美两国冷藏干线运输行业集中度差异较大的主要原因在于：

（1）行业所处阶段不同，公司规模差距大。美国前五大冷藏干线运输公司无论在员工数量还是冷藏车数量上都远远超过国内的领先企业，运力和人力资源上的优势使得美国龙头冷藏干线运输公司能够牢固占有自己的市场份额，而中国小规模公司众多，还没有脱颖而出的大规模领头羊企业，因此集中度相对美国来说更低。

（2）专业化分工程度差异导致资源配置不同。美国的明细分工使得冷藏干线运输公司只需要将公司的资金和其他资源集中投入唯一的主业——干线运输上面即可，术业有专攻是公司能够以更快速度做大做强的前提保证；而中国的冷藏干线运输企业要兼顾仓储、分拣、配送等多项业务，有限的财力与资源无法集中投入，因此小企业很难做大，这也是中国冷藏干线运输行业集中度过低的原因之一。

3. 规模差距：运距长、人口多，中国冷藏干线规模超美国

2015 年美国冷藏干线运输行业总收入为 61.4 亿美元，而中国为 108.8 亿美元，从规模上看，中国冷藏干线运输行业规模要大于美国；从规模增速来看，美国冷藏干线运输行业市场规模增速为 5%左右，而根据业内人士一致估计，未来 3~5 年中国冷藏干线运输行业东部发达地区年增速 30%，西部欠发达地区年增速 10%，综合增速在 15%~20%。

中国冷藏干线运输行业的增速高于美国，原因在于美国冷藏干线运输市场已经进入成熟阶段，行业收入波动较小，增速趋于稳定状态，而中国正在进入快速上升通道的关口，企业纷纷拓展全国干线网络，因此市场增速相对较高。

中美两国冷藏干线运输行业在“量”上差异悬殊，我们认为原因在于：

（1）从供给端来看，中国农业产地分散导致运输距离超过美国。美国农业生产区域化程度高，且绝大部分农产品由企业化经营的少数大农场生产，这使得美国农产品的产地市场比较集中，直销体系发达，约 80%的新鲜农产品是从产地通过配送中心直接到零售商或消费者，农产品物流环节少、速度快、成本低、效率高。而中国是典型的小农经济，农产品产地分散，各产地所产果蔬差异较大，人口分布、消费能力等特征也各不相同，需要进行长距离的产销地之间的运送，虽然运输费用低，但运输距离长且线路庞杂导致整体服务投入高。

（2）从需求端来看，中美人口以及生鲜农产品产量的差距导致冷链物流的需求悬殊。

三、新加坡冷链物流

1. 新加坡冷链物流发展历程及现状

早在 1999 年，新加坡开始推行冷链物流概念。起初，业内对此颇为抗拒，因为新流程需要企业在操作中做出相应调整，会增加企业的运营成本。在政府培训及有力支持下，业内逐渐认识到冷链物流的长期效益，并开始广泛接受这一新的概念。随着更多企业学习采用冷链体系，新加坡逐渐积累了大量冷链物流的管理知识，尤其在供求管理，以及储藏、处理、运输食品方面获得了丰富的经验。

如今，新加坡的冷链物流企业已经建立起集运输、仓储和逆向物流的综合实力，并推出了多种国际公认的最佳解决方案，帮助提高营运效率及保持优良品质，值得信赖。在世界银行发布的 2014 年度物流绩效指数报告中，新加坡在全球 160 个国家中名列前 5 名，在亚洲更是名列榜首。新加坡冷链系统也相当完善，在美国商务部报告中综合排名位列世界第一。

2. 新加坡冷链物流发展好的原因

（1）完善的标准和操作守则。对于整个产业而言，无论采购、仓储、配送，还是零售，任何一个环节都需要标准化来提升整个产业链的价值。

（2）宜商的法规和海关条例。在世界银行 2014 年颁布的海关通关效率指数中，新加坡以不到 24 小时的清关速度位居亚洲榜首。对时间敏感的易变质食品因此能更快捷地由新加坡转运至世界各地。冷链物流除了对温度有要求，对时间也是有要求的。

（3）普遍采用第三方物流模式。新加坡强大的亚太物流与供应链制造网络由 20 家名列全球前 25 位的第三方物流企业和设在新加坡的 9 000 家物流与供应链管理公司扶持。

3. 新加坡冷链物流企业考察

新加坡凭借优越的地理位置，成为世界著名海港、重要的转口贸易中心之一，通往多个迅速发展的经济体，如中国、印度和东南亚（东盟）。贸易是带动物流行业发展的重要因素之一。地理上的战略优势使新加坡成为物流枢纽之重地、世界贸易之要塞。优越的经商环境，也令新加坡在世界舞台上颇具竞争力。新加坡汇聚了物流领域的主要供应商及庞大顾客群，并具有世界级的基础设施及绝佳的连接能力。预计到 2020 年，新加坡在亚洲的贸易量将占全球贸易总量的 60%。新加坡地处亚洲中心及东西贸易路线的交汇点，虽为弹丸之国，但物流业为其支柱产业，冷链物流同样十分发达。新加坡冷链基础设施较多的区域主要集中在北部及西南部。

1）新加坡万里龙物流私人有限公司

新加坡万里龙物流私人有限公司目前拥有新加坡最大的全自动立体冷冻仓库，为客户提供采购、存储、库存管理及配送服务。其存储能力达到 25 550 吨，拥有自动化立体仓储。

除此之外，新加坡万里龙物流私人有限公司也是经新加坡海关署验证许可的唯一一家零消费税食品仓库。这项特有的服务可为客户在将新加坡作为区域食品转运中心时提供极大的便利。

2）新加坡零消费税货仓计划

消费税是由在新加坡供应的商品、服务及进口货物到新加坡而产生的税务。

零消费税货仓计划由新加坡海关推行，取代了曾经的货物扣存关栈以待完税的仓储规定，从而推动新加坡成为区域物流枢纽目标的实现。根据该计划，企业可以申请将自己的仓库改为储存转口货物的保税仓库，以减少赤字，简化消费税程序。

据此，新加坡有关部门将为商家颁发三种不同类型的营业执照，以满足各类商家的不同需要。

3）新加坡迅通集团

新加坡迅通集团是领先业界的物流服务商，成立于1970年，前身为新加坡港务局营运货仓及货柜车辆组，并于1993年在新加坡证券交易所上市。新加坡迅通集团拥有裕廊工业园区渔港路的两栋仓库：缓存冷库（cache cold centre）和新加坡酒库（Singapore wine vault）。

第三节　生鲜冷链物流建设

一、中国农产品冷链物流模式

1. 农产品冷链物流模式

农产品生产与流通需要经过一个漫长的过程，这个过程叫作农产品供应链。完整的农产品供应链包括上游的生产者、产地物流中心，中游的加工商、物流商、销地物流中心、销售商，以及下游的消费者等多个主体。其中，冷链物流是一种特殊的农产品供应链模式。冷链物流模式包括低温处理、低温储存、低温运输和低温销售四个环节。农产品供应链管理的核心是实现供应链成员备用共赢，流通农产品从生产领域到消费领域，有一个核心企业在供应链负责供应链管理和组织工作。根据我国目前的农产品冷链物流，在充分考虑各种因素的基础上，结合供应链管理的基本思想，选择农产品冷链物流模式。

2. 以大型加工企业为主导的农产品冷链物流模式

农产品加工业是农业产业化发展的核心，是延长农业产业链的关键环节。目前，农产品加工业已成为国民经济发展中总量最大、增长最快、对“三农”发展促进最大的支柱产业之一。农产品加工业的发展使农产品加工企业逐渐从分散凌乱向聚集转变，从家族企业向现代企业转变，从产品低品质物流向高品质物流转变。以大型农产品加工企业为中心进行农产品冷链活动，可辐射农村组织，提高产品质量，吸收劳动力，提高农业生产经营效率，促进农民增收。因此，可以农产品加工企业为核心企业在农产品冷链物流中操作和管理供应链。

改革开放后，农产品批发市场在中国有非常大的变化，得到了很大的发展，许多农产品批发市场经营体制进行改革，即改革原有的批发市场管理机构。例如，建立一个现代管理组织，遵循将投资者和经营者分离的原则，采用中心批发市场有限公司董事会领导的形式。农产品批发市场内部实行规范化管理的同时，也遵守一系列的规则，包括市场领导体制、内部管理制度、交易规则、信息工作规则等。企业发展的同时，大量批发市场运营商试图找到一种品牌管理的方法，根据自己的特点选择目标市场和细分市场，在管理理念和服务方面实现差异化竞争，形成自己的特点，使用先进的营销手段，建立强大的市场品牌，树立吸引顾客的良好形象[21]。

3. 以连锁超市为主导的农产品冷链物流模式

随着现代生活节奏的加快，生活消费水平的提高，以及对农产品安全的关心程度增加，越来越多的消费者通过超市购买各种各样的农产品。超市管理商品的标准化越来越受到广泛的关注。在国内城市，新鲜农产品被直接配送到大型超市。农产品具有较强的易腐性特点，这对物流提出了更高的要求。农产品冷链物流可以保障农产品在最短的时间内到达消费者的手中，确保质量安全，并减少农产品流通损失。连锁超市控制的农产品冷链物流模式可实现上述要求，因为连锁超市具有较强的资本实力、良好的品牌和信誉优势、比较完善的物流配送体系、较高的信息化程度、较强的市场开发能力等优势，能较好地完成农产品冷链配送。

实践证明，以冷藏农产品连锁超市为主体的供应链流程最短，但最有效率，是现代供应链管理最先进、最有效的模式。农产品冷链物流是对连锁超市核心经营的支持，把握市场信息也是最及时、最快速的。因此，可以根据消费者的反馈，调整农产品的调度，协调有关农产品供应链中涉及的问题，在冷链物流系统中建立可行的双赢机制，协调农产品的生产和流通；也可以通过建立自己的农产品物流配送中心来满足客户的需求。在由消费者主导的市场需求刺激下，中国农产品供应链逐渐从批发市场模式发展为超市模式。

二、中国农产品冷链物流的体系

目前，农产品物流逐渐形成以整个供应链各个环节或业务流程为主导的物流模式。但与发达国家相比，我国农产品物流仍处于初级阶段，农产品物流系统是相对落后的，农业生产的主体是单一的，农民独自生产很难实现规模经济，与国外相比竞争力很弱。

1. 农产品生产者—农产品零售市场—农产品消费者

这个模式的本质是农业生产者直接销售模式。农业生产者通过农产品零售市场对消费者直接销售，此业务通过家庭传播，在我国的农业生产中占据重要的地位，特别是在道路基础设施相对落后的地区广泛存在。这种模式的特点是减少流通的中间环节，可以直接面对消费者，但同时也有很多问题：一是产品流通的过程中，缺乏处理、保存、包装、加工等环节，附加值相对较低；二是极其有限的物流半径，使得生产商在更大的空间内难以满足需求者；三是由于较小规模的流通和销售，货物的单位运输量小、销售时间成本和交易成本偏高，导致物流成本较高。

2. 农产品生产者—产地批发市场—销地批发市场—农产品消费者

这个模式属于批发零售物流组织模式。这是目前我国农产品的另一个重要渠道，农业生产者将他们的产品卖给产地批发商、产地批发商出售给销地批发市场或直接卖给消费者。这种模式通常是批发商直接收购农产品并运输到车站，在一定程度上降低了交易成本。批发商有时会进行一些简单的分类、包装和加工。该模式物流半径显著增加，但有太多的中间环节。

3. 农产品生产者—农产品加工企业—销地批发市场—农产品消费者

这个模式的本质是加工公司+农户物流组织模式。该模式是农产品加工企业依据合同收购农户的产品，经过加工包装后将农产品直接销售给消费者，省去了批发商、零售商环节。从农产品物流的角度来看，这种方式通过农业产业化龙头企业使初级产品能够进行处理、保存、包装，明显提高了农产品的附加值。它也可以有针对性地指导农民的生产，还能促进农民调整产业和产品结构，提高生产技术水平。

4. 农产品生产者—农产品流通企业—销地批发市场—农产品消费者

该模式是农产品流通企业作为农产品物流供应链的一部分，连接农产品生产者和加工企业及最终的消费者。目前，许多企业采用了这种模式，如美国沃尔玛、上海华联超市等。公司构建物流平台、信息平台、销售平台等，并根据市场需求直接与生产商签订合同，生产者和消费者之间的时空距离大大缩短。

一般来说，农产品物流在中国较落后，存在批发市场培育滞后、产品附加值低、农产品信息流通效率低下等几个问题，但随着供应链管理思想的深化，我国农产品物流发展环境发生了巨大的变化，农产品物流的发展模式出现了多元化的特征。

三、国外农产品冷链物流模式的比较

冷链起源于19世纪，制冷剂、冰箱出现后，各种各样的新鲜和冷冻食品开始进入消费市场。20世纪30年代，欧洲和美国的食品冷链体系已初步建立；40年代，欧洲的食品冷链在第二次世界大战期间被摧毁，但很快在第二次世界大战后重建。目前，欧洲和美国等发达国家和地区形成了完整的食品冷链体系。从1955~1965年，日本的经济增长促进了流通革命，主要反映在水果和蔬菜冷链的分级、挑选、清洗、加工、包装、预冷、冷藏、运输和销售的冷链保鲜技术上。1975年，日本为了进一步提高冷链的水平，包括新鲜食品的温度和质量之间的关系、合适的温度管理方法、适用的低温循环设施，农业、林业和渔业部门设置了食品低温循环促进协议，研究编制了食品在低温下的质量管理方法，制定了食品的低温循环温度区（即新鲜食品的流通温度为4℃到5℃），以及冷链指南，使生鲜食品冷链技术进入基本完善的阶段。

目前，英国、美国、日本和其他发达国家的易腐食品物流制冷率基本能达到100%。以蔬菜为例，为了保证质量和减少损失，物流高度重视蔬菜的后处理。一般流程为：收集和现场包装预冷、清洁、采用消毒蜡或薄膜包装。所有蔬菜包装材料上都印有蔬菜的品名、净重、生产者的名字、地址、电话等，以确保信誉。蔬菜总是在低温条件下形成一个完整的冷链，即田间采后预冷→冷库→冷藏车运输→批发站冷库→自选商场冷柜→消费者冰箱。由于处理及时得当，蔬菜加工和运输网络的流失率只有1%~2%。在发达国家，冷链技术达到先进水平，生鲜食品冷链系统的操作确保了质量、减少了损失，提高了产品附加值，产生了巨大的经济效益和社会效益[22]。

四、基于农产品冷链物流的直销模式

直销（direct selling），按世界直销联盟的定义，是指厂家直接销售商品和服务，绕过传统批发商或零售通路，直接从顾客处接收订单。直销是指直销企业招募直销员，由直销员在固定营业场所之外直接向最终消费者推销产品的经销方式。

随着农业结构不断调整和居民生活水平日益提高，人们对生鲜农产品的安全和品质提出了更高要求。传统农产品配送模式流通环节长、损耗大，国内大部分农产品的流通未采用冷链物流，每年在运输过程中腐烂变质的果蔬价值巨大，造成浪费。而在欧美、日本等发达国家和地区，农产品进入冷链流通的比例在95%以上。直销模式能有效缩短农产品的流通环节，对于提高农民收入、稳定物价具有重要作用，因此，直销模式越来越受到各地政府的重视。在冷冻高新技术的快速发展下，我国冷链物流市场规模和需求大幅增加，农产品冷链物流行业需求已经突破 1 亿吨，年增长率超过 8%。在最近几年经过传统营销渠道改革后，我国冷链物流企业开始逐步建立适合市场经济的新的营销方式和营销策略。然而，由于冷链物流企业的发展在我国还处于起步阶段，缺乏设备及运输方式，最需要保鲜冷藏的农产品仍然处于室温下存放，集约化、规模化的冷链物流体系尚未形成，市场供应还远远不能满足人们的需求。

1. 农超对接模式

农超对接指的是农户和商家签订意向性协议书，由农户向超市、菜市场和便民店直供农产品的新型流通方式，为优质农产品进入超市搭建平台。农超对接的本质是将现代流通方式引入广阔农村，将千家万户的小生产与千变万化的大市场对接起来，构建市场经济条件下的产销一体化链条，实现商家、农民、消费者共赢。下面介绍几个实例。

1）家乐福，两套系统应对不同产品

家乐福农超对接的核心是通过农民专业合作社来组织农民的产品，即“超市+专业合作社+农民”模式。从2008年开始，家乐福食品安全基金会每月在一个省（区、市）举办一次农超对接培训班。农超对接依据采购半径的不同，设计了两个采购系统，即全国农超对接采购部门和地区农超对接采购部门。前者主要采购水果和适合长距离运输的水果和蔬菜，如苹果、梨、橙子、干果、马铃薯和反季节蔬菜等；后者则重点采购城市周边的蔬菜和当地的名优水果。此外，为了帮助农民专业合作社开拓销售渠道，家乐福集团已开始布局，计划将我国农民的直供产品纳入跨国采购业务，把我国更多的农产品推向国际市场。

2）华润万家，2016~2017 年直采比例已超七成

华润万家的农超对接模式为“超市+基地”的供应链模式，即华润万家直接与鲜活农产品产地的农民专业合作社对接。华润万家已分别与天津市、河北省、山东省建立了农超对接大型生产基地，产品涉及蔬菜、水果、禽蛋、肉类等各种城市居民生活必需的农产品。华润万家表示，2016~2017 年直采比例已达 70%以上。华润万家一向重视基地直采工作，始终坚持“优质来源、追溯保证”的理念。通过基地直接采购，华润万家不仅为当地农民拓展了销售渠道，提高了科学务农的技术，还节省了中间流通环节，为消费者带来了低价格、高品质、多种类的绿色农产品。

3）麦德龙，从教农民种田开始

麦德龙主要通过麦哲达农业信息咨询公司牵线搭桥实现农超对接，从教农民怎么种田，怎么包装蔬菜这些最基本的问题入手，探索农副产品生产基地新模式。保证农产品从基地、农场、加工、物流到销售符合消费者对安全的要求，建立鲜活农产品质量可追溯体系。

麦德龙农产品基地创立了全新的供应链模式，由麦德龙提出科学的标准化生产流程，引入农技咨询公司指导农民养殖、种植，委托第三方机构对农产品质量进行检测，通过麦德龙平台进行销售。为此，麦德龙还在我国设立了首家专门从事农技指导、咨询和培训的麦哲达农业信息咨询公司，向合作企业和农民提供生产、加工、包装、物流及市场运作全方位的专业培训与咨询，实现农场到餐桌的全过程产品质量控制。

麦德龙也曾与合肥市政府签署合作协议，在合肥试点打造新型农产品基地模式。合肥生产基地生产的天然、安全、质量可追溯的农副产品陆续进入麦德龙在华东地区的 11 家卖场，目前已有童子鸡、猪肉、西瓜、草莓等 15 种严格遵循全球规范标准生产的农副产品。

4）沃尔玛，最早介入农超对接项目

沃尔玛农超对接的特点是建立农超对接基地，采用两种模式，即“超市+龙头企业+农超对接基地”和“超市+合作社+农超对接基地”模式。沃尔玛较多地以农业产业化龙头企业为中介同农民合作，这样可以发挥龙头企业自身的农场管理经验技术，为合作对象提供专业的农产品种植、养殖技术或资金，建立食品安全监督体系和农超对接基地自身的食品安全体系。沃尔玛开始在我国实施农超对接项目的尝试后，通过帮助农民提高市场适应能力、引导规模化生产、指导农民在生产中推进环境保护，不仅使农民增加收入，还给予消费者新鲜、便宜的农产品。

2.“社区营销”模式

企业建立社区档案对社区进行深入调查是开展社区营销的第一步，首先要掌握社区的人口规模、居民年龄结构、文化层次水平、居民作息规律及社区的地理位置情况等资

料，这是拟订营销组合的必备条件。房地产开发商在设计伊始，就依据社区居民的收入、年龄和教育等维度进行市场细分，进行精确的客户定位，以个性化的楼盘圈定特定的消费群体，故此，社区居民大多从属于一个特定的相关群体，社区形成很强的亚文化氛围，尤其在个性化、概念性的现代社区，这种文化深刻影响着居民的消费行为。随着我国社会经济与房地产业的蓬勃发展，目前城市中绝大多数居民已经按照自身居住的业态形成了一种社区化的生活方式，而社区营销恰恰是在这样的大环境与背景下诞生的事物。由于传统分销渠道竞争的日益加剧，进行渠道创新往往成为一些企业出奇制胜的法宝。在城市中，数量巨大的社区蕴藏着无穷的潜力。因此，社区营销已经逐渐被一些企业视为一种全新的分销方式，并被越来越多的企业关注。

社区营销有以下几个优点。

（1）操作手段灵活且目标性强。开展社区营销活动既可以作为一种普遍宣传手段使用，也可以针对特定目标，组织特殊人群进行重点宣传和推广。

（2）针对性强，传播到达率高。社区营销直接面对消费者，目标人群集中，无论做活动还是搞宣传都比较直接，而且消费者可信度高，有利于口碑传播。

（3）投入少，见效快。不同于终端营销的费用高不可攀，社区营销是通过氛围制造销售，它投入少、见效快，非常有利于资金回笼。

（4）能实现数据库营销，快速建立会员。由于社区营销具有体验式营销的特点，如试吃、免费试用等，能迅速扩大试用人群，利于收集消费者名单，这可以建立客户档案，为发展会员打下良好基础，同时也为回访客户提供详尽资料，使负面影响消除在无形之中，并可以培养典型消费者。

（5）有效了解消费需求，直接掌握反馈信息。由于社区营销是一种面对面销售、体验式销售，在营销执行过程中，可以有效地了解消费者需求及进行信息反馈，企业可针对消费者的需求及时对营销战术和宣传方向进行调整。

五、生鲜冷链物流的标准化

冷链物流标准体系的建立，使企业可以通过技术和管理层面的努力，降低农产品的运输损耗。发达国家由于具备成熟的冷链物流技术标准和管理标准体系，可以增强国际市场的竞争力、降低农产品运输损耗、提高农业经济效益，能够将冷链物流的成本控制在合理的范围之内。

1. 中国农产品冷链标准体系建设现状

按标准制定主体的不同，我国的物流标准可以分为国家标准、行业标准、地方标准和企业标准；按标准内容又可以分为物流基础类标准、物流装备标准、物流技术标准、物流服务及管理标准、物流信息标准等。目前，我国冷链物流标准名目繁多，地方标准、行业标准和国家标准相互交叉，物流企业执行这些标准的难度较大。

2. 农产品冷链物流标准体系的基本架构

从标准的类型方面讲，农产品冷链物流体系架构应该包含技术标准（硬件标准、不同产品的冷链技术要求）和管理标准（操作规范）。

从物流管理角度讲，农产品冷链物流标准体系应包括四个方面的内容：冷链流程控制标准，冷链设备设施标准，冷链信息技术标准，冷链质量控制及服务标准。

（1）冷链流程控制标准。冷链流程控制标准覆盖了农产品冷链物流全过程的管理和技术标准，包括农产品原料处理、分选、加工、包装、运输、仓储及销售的全过程，其中包含不同农产品的冷链物流技术标准，以及各环节的管理控制标准和工作标准。

（2）冷链设备设施标准。该标准主要是针对农产品冷链物流过程中所涉及的全部设备设施制定的标准，包括农产品加工环节的冷却、冻结装置和速冻装置标准；冷冻贮藏环节的冷藏库/加工间、冷藏柜、冻结柜及家用冰箱等设备设施标准；冷藏运输环节的铁路冷藏车、冷藏汽车、冷藏船、冷藏集装箱等低温运输工具标准；冷冻销售环节的冷藏/冷冻陈列柜和储藏库标准。

（3）冷链信息技术标准。该标准主要覆盖冷链可追溯技术、企业冷链仓储管理系统，以及农产品交易信息平台。其中，冷链可追溯技术包括条码技术、RFID 技术、数据库技术；企业冷链仓储管理系统实际上融合了冷链可追溯技术，在管理层面上融合了单独订单处理、库存控制、基本信息管理、货物流管理、收货管理、拣选管理、盘点管理、移库管理、打印管理和后台服务管理。

（4）冷链质量控制及服务标准。该标准遵照质量管理的基本理念，强调过程管理和目标控制，包括农产品冷链各环节的过程监控标准及农产品质量检测标准，同时也包括农产品冷链过程的技术服务标准。

案例分析

永辉超市是如何打造生鲜食品和百货供应链的？

永辉超市的货品主要是生鲜食品，生鲜食品供应链最重要的是要保持商品新鲜，要在商品最佳保质期内实现规模采购，本质核心是效率。

首先，永辉超市在商品的保鲜期内快速将商品陈列在店里，使商品的鲜度和价值很有竞争力。其次是鲜度保持能力，需要有措施。冷链商品到店后，卖场温度不合适和运营能力不足都不行，鲜度会流失很快。

在以上基础上，永辉超市供应链核心还围绕商品的保值时效分类推进超短保质期鲜货，该项目更加适合近距离采购，向源头投放标准化管理器具，如鲜活产品等。在品质管理的基础上，该项目可推进门店的自采力度。

中度保质期商品，如核果等，适合规模较大的运作。这类商品，核心是要管理源头的分拣分级。

深入源头的细节管理能提高效率。为此，永辉超市采取以下措施：①提前进行源头行情调研及规划，结合产品的关键生长阶段进行调研；②确定品质标准，美化包装水平；

③开发多源头调研及合作；④加强直采期间的行为管理，合理控制成本；⑤严格的等级验收标准；⑥通过系统进行采购单品管理。

永辉超市的技术可实现保质期的延长。企业供应链的核心是技术和冷链系统。产地少、生产能力下滑的品种，结合消费趋势判断，企业需要为此建立自身的冷链存储能力。要实现生鲜食品的高价值，变革采购组织，深耕源头是核心。

永辉超市与农户开展的合伙人制度，为采购提供了股权激励；与员工开展的合伙人制度（灵活确定合伙范围、每月落实目标责任后实施超额分成），从价值链角度看，是打通了流通的全环节。

我国的许多超市，还有很大的提升空间，要学习永辉超市，更多要从自身的组织人员配置、人员激励、采卖全链条效率方面进行设计。在定价上，要放权民生商品，抓住高价值品，提供更高的品质，可以在经营中实现结构平衡。对于生鲜食品，高品质下的性价比是关键，顾客并不完全在乎价格。

永辉超市用技术合伙的机制，激发了员工的积极性。而供应商也明白，更好的展示、合理的价格、多样的品种、时尚的包装应当是供应链追求的效果，应做到以下几点：①尽快推动以销售为主要合作方式的供应商激励计划，应将大部分通道费用转化到销售实现和收益中，打造真正的公平交易；②放开供应链信息，让供应商直接连接实体店的终端库存；③畅通商品进出机制，大幅降低新品上架费；④通过技术手段控制渠道内的总库存，精准物流，高速周转。只有渠道的总成本得以降低，在渠道中能有足够的利润，供应商才有为这一渠道努力的可能。

GrubMarket 公司在硅谷的生鲜电商运营[23]

2016 年的中国生鲜电商，哀鸿遍野。无独有偶，2016 年美国生鲜电商的市场也并非一片祥和。然而，在这些惨淡经营的生鲜电商中，主打“本地”“健康”，连接农场与消费者的全球跨境生鲜电商 GrubMarket 公司的表现格外耀眼。2016 年，这家由华人创办的生鲜电商公司，刚刚拿到 2 000 万美元的 B 轮融资，被《福布斯》称为“2016 年最令人期待的美国生鲜电商”。2016 年末，GrubMarket 公司与中国电商巨头阿里巴巴开始合作。

对中国生鲜电商来说，有何借鉴意义呢?

1. 吸引美国消费者的秘诀：有机、新鲜

在 GrubMarket 公司的网站首页上，底色是清新的绿色，有机西葫芦、牛油果、诱人的樱桃与刚刚敲开的核桃仁依次排列。

在 B2C 市场上，GrubMarket 公司采用订阅制，引导用户在周日前统一下单，再集中配送。

在 B2B 市场上，GrubMarket 公司不仅与旧金山湾区超过 300 家餐馆达成合作，还与各大生鲜食品供货商有合作。

2. 美国生鲜电商突围：运营模式为王

从垂直领域的竞争者到电商巨头在生鲜领域的尝试，都没有对 GrubMarket 公司的快速壮大造成影响。GrubMarket 公司通过做好以下五个方面，实现了快速壮大。

（1）GrubMarket 公司保证了从运营模式上盈利，拒绝“烧钱”。公司对于物流成本的控制有非常清晰的概念，公司以严格的运营模式和商业模式来保证它的低成本。

（2）通过增加财务审查的频率，以及控制物流等方面的成本，GrubMarket 公司在成本控制上可以说做到了极致。如今生鲜电商往往有一个困境：用户数量是最重要的。为了获取用户，许多创业者盲目投入营销成本，却忽略了企业最终需要盈利的事实。

（3）拒绝盲目扩张。Good Eggs 和 Farmigo 就是极佳的例子，在后期极端的情况下，它们基本每扩张一个地区，就意味着要进行一轮融资，最终形成了一个“无底洞”。

（4）在美国创业市场上，中国人的许多特质决定了 GrubMarket 公司拥有竞争力。这也是 GrubMarket 公司最初选择挑战极少人涉足的美国主流消费级市场的原因。此外，中国人拥有勤奋节俭、有毅力、具有迅速学习能力的特点，也与创业需要的品质非常契合。许多在美华人有着美国大型科技公司的长期工作经验，这意味着在管理人才、完善产品、钻研顶尖技术等多个方面，他们已经对这个“客场”非常熟悉了。

（5）布局全球，虽然 GrubMarket 公司的成功证明了华人在美国消费级市场的潜力，但是公司还是有着从“客场”回到“主场”的期待。

而与中国电商巨头阿里巴巴的合作，就是 GrubMarket 公司“回到主场”的一个重要里程碑。

据悉，GrubMarket 公司已经与天猫国际和天猫生鲜达成了合作，以 B2B 贸易的模式为这两个平台提供产品，根据规划好的价格区间寻找货源、打包、送关，运送到中国后，天猫负责清关和销售。

光明乳业的冷链物流

光明乳业整合集团下属物流部门成立上海冷鲜物流有限公司后，建成 5 个区域物流中心、21 个销售物流中心、6 个转运物流中心，在 18 个大中城市有 1 200 多家专业便利店。光明乳业冷链物流是真正意义上的以加工企业为主导的“产供销一体化”的冷链运作模式。它整合自有物流资源，建立多家便利店以控制销售终端，进而建设物流中心、配送中心，再进一步向原料供应商延伸，形成“产供销一体化”的自营冷链物流模式。

光明乳业的牧场采用世界先进的机械化挤奶设备和恒温冷藏系统，保证牛奶挤出后就被迅速降温到 4℃以下；公司的加工厂引进国际最先进的生产流水线，牛奶的加工在全封闭的环境下进行，生产过程中的温度也控制在 4℃以下；光明乳业的物流中心以冷藏物流为特色，全部采用进口冷藏设备运输光明乳业的保鲜产品；近年来，在大中城市推广的送奶上门服务中，也采用了温控奶车和密封奶箱，保证了牛奶的新鲜营养。

冷链系统的推广与严格管理也是密不可分的。光明乳业通过了 ISO 9002 质量体系认证，加强日常生产的“5S”[①]基础管理，以程序化控制和制度化要求保证生产过程的规范和产品温度的稳定。光明乳业每年都要对质量体系进行内部审核，并接受第三方单位的监督；对生产第一线和相关各部门的员工进行规范化操作和技能培训，不断加强员工的质量意识，指导员工认真操作，严把质量关。

---

① 5S：seiri，seiton，seiso，seiketsu，shitsuke，整理、整顿、清扫、清洁、修养。

第四章

农村电商物流

第一节　农村电商物流现状

农村电子商务，通过网络平台嫁接各种服务于农村，拓展农村信息服务业务、服务领域，使之成为遍布县、镇、村的“三农”信息服务站。“三农”信息服务站作为农村电子商务平台的实体终端直接扎根于农村、服务于“三农”，真正使“三农”服务落地，使农民成为平台的最大受益者。

一、农村电商物流的发展情况

近年来，随着电子商务的快速发展，我国电商物流发展保持较快增长，企业主体多元发展，经营模式不断创新，服务能力显著提升，已成为现代物流业的重要组成部分和推动国民经济发展的新动力。

（1）发展规模迅速扩大。我国电子商务交易额多年来保持年增长 20% 以上。全国快递服务企业业务量同比增长 40%以上，其中约有 70%是由于国内电子商务产生的快递量。总体来看，电子商务引发的物流仓储和配送需求呈现高速增长态势。

（2）企业主体多元发展。企业主体从快递、邮政、运输、仓储等行业向生产、流通等行业扩展，与电子商务企业相互渗透，融合速度加快，涌现出一批知名电商物流企业。

（3）服务能力不断提升。第三方物流、供应链型、平台型、企业联盟等多种组织加快发展。服务空间分布上有同城、异地，全国、跨境等多种类型；服务时限上有限时达、次晨达，当日递、次日递等；可提供预约送货、网订店取、网订店送、智能柜自提、代收货款、上门退换货等多种服务。

（4）信息技术广泛应用。企业信息化、集成化和智能化发展步伐加快。条形码、无线 RFID 技术、自动分拣技术、可视化及货物跟踪系统、传感技术、GPS、地理信息系统、EDI、移动支付技术等得到广泛应用，提升了行业服务效率和准确性。

二、农村电商物流面临的形势

随着国民经济的全面转型升级和互联网、物联网的发展，以及基础设施的进一步完善，电商物流需求保持快速增长，服务质量和创新能力有望进一步提升，渠道下沉和"走出去"趋势凸显，将进入全面服务社会生产和人民生活的新阶段。

（1）电商物流需求保持快速增长。随着我国新型工业化、信息化、城镇化、农业现代化和居民消费水平的提升，电子商务在经济、社会和人民生活各领域的渗透率不断提高，与之对应的电商物流需求保持快速增长。同时，电子商务交易的主体和产品类别愈加丰富，移动购物、社交网络等成为新的增长点。

（2）电商物流服务质量和创新能力显著提升。产业结构和消费结构升级将推动电商物流进一步提升服务质量。随着网络购物和移动电商的普及，电商物流必须加快服务创新，增强灵活性、时效性、规范性，提高供应链资源整合能力，满足不断细分的市场需求。

（3）电商物流"向西向下"成为新热点。随着互联网和电子商务的普及，网络零售市场渠道将进一步下沉，呈现出向内陆地区、中小城市及县域加快渗透的趋势。这些地区的电商物流发展需求更加迫切，增长空间更为广阔。电商物流对促进区域间商品流通，推动形成统一大市场的作用日益突出。

（4）跨境电商物流将快速发展。新一轮对外开放和"一带一路"倡议的实施，为跨境电子商务的发展提供了重大历史机遇，这必然要求电商物流跨区域、跨经济体延伸，提高整合境内外资源和市场的能力。

三、电商物流规划重点

商务部、国家发展和改革委员会、交通运输部、海关总署、国家邮政局、国家标准化管理委员会共同印发了《全国电子商务物流发展专项规划（2016-2020 年）》，其主要任务如下：

（1）建设支撑电子商务发展的物流网络体系。围绕电子商务需求，构建统筹城乡、覆盖全国、连接世界的电商物流体系。依托全国物流节点城市、全国流通节点城市和国家电子商务示范城市，完善优化全国和区域电商物流布局。根据城市规划，加强分拨中心、配送中心和末端网点建设。探索"电商产业园+物流园"融合发展新模式，加强城际运输与城市配送的无缝对接，推动仓配一体化和共同配送，发展多式联运、甩挂运输、标准托盘循环共用等高效物流运作系统。

（2）提高电子商务物流标准化水平。在快速消费品、农副产品、药品流通等领域，重点围绕托盘、商品包装和服务及交易流程，做好相关标准的制订、修订和应用推广工作。形成以托盘标准为核心，与货架、周转箱、托盘笼、自提货柜等仓储配送设施，以及公路、铁路、航空等交通运输载具的标准相互衔接贯通的电商物流标准体系。

（3）提高电子商务物流信息化水平。推动大数据、云计算、物联网、移动互联、二维码、RFID 技术、智能分拣系统、物流优化和导航集成系统等新兴信息技术和装备在电商物流领域的应用。重点提升物流设施设备智能化水平，物流作业单元化水平，物流流程标准化水平，物流交易服务数据化水平，物流过程可视化水平。引导发展智慧化物流园区（基地），推动建立深度感知的仓储管理系统，高效便捷的末端配送网络，科学有序的物流分拨调配系统，以及互联互通的物流信息服务平台。鼓励和支持电商物流企业利用信息化、智能化手段，加强技术和商业模式创新，推动电子商务与物流的融合发展、良性互动。

（4）推动电子商务物流企业集约绿色发展。鼓励传统物流企业充分利用既有物流设施，通过升级改造，增强集成服务能力，加快向第三方电商物流企业转型；鼓励电商企业和生产企业将自营物流向外部开放，发展社会化第三方物流服务。支持具有较强资源整合能力的第四方电商物流企业加快发展，更好整合利用社会分散的运输、仓储、配送等物流资源，带动广大中小企业集约发展。支持电商物流企业推广使用新能源技术，减少排放和资源消耗，利用配送渠道回收包装物等，发展逆向物流体系。

（5）加快中小城市和农村电商物流发展。积极推进电商物流渠道下沉，支持电商物流企业向中小城市和农村延伸服务网络。结合农村产业特点，推动物流企业深化与各类涉农机构和企业合作，培育新型农村电商物流主体。充分利用“万村千乡”、邮政等现有物流渠道资源，结合电子商务进农村、信息进村入户、快递“向西向下”服务拓展工程、农村扶贫等工作，构建质优价廉产品流入、特色农产品流出的快捷渠道，形成“布局合理、双向高效、种类丰富、服务便利”的农村电商物流服务体系。

（6）加快民生领域的电商物流发展。支持电商物流企业与连锁实体商店、餐饮企业、社区服务组织、机关院校等开展商品体验、一站式购物、末端配送整合等多种形式合作。加快以鲜活农产品、食品为主的电子商务冷链物流发展，依托先进设备和信息化技术手段，构建电子商务全程冷链物流体系。支持医药生产和经销企业开展网上招标和统一采购，按照GSP（good supplying practice，直译为良好的药品供应规范，在我国称为《药品经营质量管理规范》）要求，构建服务医药电子商务的网络化、规范化和定制化的全程冷链及可追溯物流体系，确保药品安全。

（7）构建开放共享的跨境电商物流体系。加快发展国际物流和保税物流，构筑立足周边、辐射“一带一路”、面向全球的跨境电商物流体系。鼓励有实力的电商物流企业实施国际化发展战略，通过自建、合作、并购等方式延伸服务网络，实现与发达国家重要城市的网络连接，并逐步开辟与主要发展中国家的快递专线。支持优势电商物流企业加强联合，在条件成熟的国家和地区部署海外物流基地和仓配中心。促进国内外企业在战略、技术、产品、数据、服务等方面的交流与合作，共同开发国际电商物流市场。

第二节　农村电商物流模式建设

一、农村电商模式[24]

（1）按照发展格局来进行划分。按照发展格局来进行划分，可以将农村电商模式分为自组织、产业再造两种。第一种自组织模式指的是农民自己进行创业，在淘宝平台上售卖自己的产品，并且鼓励四周的农民共同进行创业。例如，福建灶美村在农民的努力下，不断壮大。如今，灶美村已经成为我国藤铁工艺品网络销售量最大的农村电商群体，农民也获得了较多的收益。第二种产业再造模式是指，在激烈的市场竞争下，传统市场已经逐渐没落，网络销售的份额则在不断提升。浙江省西岱村就是一个很好的例子，该村是生产和销售玩具、教具的主要阵地，竞争力很强。但随着电商的兴起，其竞争优势也逐渐变成劣势。为了使玩具、教具有全新的销售渠道，该村生产商利用淘宝平台进行销售，为自身拓宽了市场，也获得了一定的成功。

（2）按照电商对资源的依赖程度进行划分。按照电商对资源的依赖程度进行划分，可以将农村电商模式分为资源型、特色产业型两种。第一种资源型模式必须依赖本地资源，借助网络来进行销售。例如，浙江省新都村主要种植核桃，借助这个资源优势，农民开辟了淘宝平台，并且在淘宝上售卖本村核桃，提高了本村核桃的市场占有率。对于本地来说，产业不具备任何优势，合理利用网络平台，可以提高产业集群效应的辐射力。第二种特色产业型模式，如江西大众村充分利用当地的林木资源，建立网络销售平台，形成了规模非常大的板材加工产业链。

（3）按照农产品资源的类型进行划分。相比于城市，农村拥有更多的自然资源优势。很多农村都有丰富的土地资源，如黑龙江的一些农村地区，生产众多的农产品，如水稻、马铃薯、玉米等。因为农村依山傍水，有着非常独特的自然环境，在这样的情况下，自然也能生产出一些有特色的农产品，这些农产品的营养价值高、质量好，容易受到消费者的青睐。北方常见的特色农产品有山东高邮的咸鸭蛋、北京密云的金丝小枣，以及门头沟的大核桃等，南方的特色农产品有海南的香蕉、四川的辣椒，以及云南的苦荞等。当地农民充分利用网络平台，将这些农产品放在网上进行售卖，并向全国推广。这样一来，当地农民的电商收入也增加了。

（4）按照参与电商的类型进行划分。按照参与电商的类型可以将农村电商模式分为以下几种：①自产自销模式。农民需要自己进货、生产，然后在网上进行销售。例如，江苏省沙集镇，当地农民将板材加工为家具，并且在网上进行销售，这就是自产自销模式。②“订单+网商”模式。因为有的农民自身不能进行生产，所以只需要在网上销售产品，而生产则由其他农民完成；因为缺乏生产场地，所以只能将生产交由他人完成。而厂商则需要入股另外的生产商，才能够提高产品的生产量，达到市场的要求。③“自产+多平台”模式。电商为了提高产品销售量，采取了多平台销售的方式。例如，一些电商既选择了京东，也选择了淘宝。④共生模式，虽然淘宝村的一些业务具有同质化特点，但一些产业却已经达到一定的规模，甚至衍生出其他上下游产业。对这些产业进行组合，可以提高产业链的运行速度。例如，快递、包装行业能够根据电商的实际需要来完成产品包装、物流运输等工作。

二、农村电商模式的未来发展趋势[25]

1. 农村电商服务环境得到改善

在未来，各种不同的服务商会进驻农村，为农村电商提供运营策划、融资理财、产品图片处理、物流运输、法律咨询等一系列服务，从而使得农村电商各个方面的需求得到满足，电商的规模也得以扩大。此外，各种不同的电商模式，如 B2B、C2B、B2C、O2O 等，也会逐渐在农村电商中产生。

2. 农村电商产业链进行延伸

随着农村电商的大力发展，为了防止产生同质化竞争，很多农村电商会开始延伸产业链，不再仅仅是单纯的零售、分销，而是逐渐转变成了品牌商，同时也不再仅仅是原材料采购，而是寻找生产工厂，将产品分销给另外的淘宝商，最终建立起以品牌商、零售商、批发商为核心的电商横向产业链层级。另外，农村电商的交易类型也越来越丰富，逐渐从过去单一的网络销售转变为复合模式。农村电商的转型和升级，促进了电商行业的大力发展。

3. 农村电商发展势头越来越猛

将来的农村电商，发展势头会越来越猛。云计算、网络、大数据等技术也会得到一定的使用，这使得农村电商的规模逐渐扩大，并且将智能物流、智能消费、智能农业进行结合。我国每年约有 2 000 亿美元的农产品出口业务，农产品跨境电子商务平台起到了非常重要的作用。在未来，农村电子商务还会朝着跨境的趋势发展。从农村延伸到城市，从国内延伸到国外。因此，更多农村电商会朝着国际化的方向发展，这也是主要的发展趋势。

三、农村电商物流基本模式

近年来，农村电商不断发展，农村电商物流也在不断进行探索，以寻找适合发展的道路。自建物流、第三方物流及“自建+第三方物流”等模式不断涌现，给农产品电商物流今后多样化的发展打下了良好的基础。影响农村电商物流模式的因素主要包括以下四个方面，即企业自身的能力、物流配送的成本、物流服务的质量、其他外部因素。以下是农村电商物流的几大基本模式。

1. 自营物流配送模式

所谓自营物流配送模式，是指电子商务企业着眼于企业的长远发展，自行组建配送系统，并对整个企业内的物流运作进行计划、组织、协调、控制管理的一种模式。

目前，自营物流配送模式主要分为两种类型：一种是资金实力雄厚且业务规模较大的 B2C 电子商务公司，如亚马逊、京东；另一种是传统的大型制造企业或批发零售企业经营的 B2C 电子商务网站，如中粮集团、苏宁易购。这些企业自身就拥有非常强大的物流体系，在开展电子商务物流配送时只需要在原有 B2C 电子商务基础上稍加改善，就可以基本满足 B2C 电商物流配送需求。

自营物流主要是指工业企业自己营业的物流，它的主要的经济来源往往不在于物流。以下是它的优缺点。

优点：①企业对供应链各个环节有较强的控制能力，易于与生产和其他业务环节密切配合，全力服务于企业的经营管理，确保企业能够获得长期稳定的利润。对于竞争激烈的产业，企业自营物流配送模式有利于企业对供应和分销渠道的控制。②可以合理地规划管理流程，提高物流作业效率，减少流通费用。对于规模较大、产品单一的企业而言，自营物流可以使物流与资金流、信息流、商流结合更加紧密，从而大大提高物流作业乃至全方位的工作效率。③可以使原材料和零配件采购、配送及生产实现一体化，实现准时采购、增加批次、减少批量、调控库存、减少资金占用、降低成本，从而实现零库存、零距离和零营运资本。④反应快速、灵活。由于整个物流体系属于企业内部的一个组成部分，企业自营物流配送模式与企业经营部门关系密切，以服务于企业的生产经营为主要目标，能够更好地满足企业在物流业务上的时间和空间要求。特别是要求物流配送较频繁的企业，自营物流能更快速、更灵活地满足企业要求。

缺点：①一次性投资较大，成本较高，增加了企业的投资负担，削弱了企业抵御市场风险的能力。企业为了实现对物流的直接组织和管理，就需要投入较多的资金，配备相应的物流人员，会削弱企业的市场竞争力。由于物流体系涉及运输、仓储、包装等多个环节，建立物流系统的一次性投资较大，占用资金较多，对于资金有限的企业来说，物流系统建设投资是一个很大的负担。企业自营配送模式一般只服务于自身，依据企业自身物流量的大小建立。而单个企业的物流量一般较小，企业物流系统的规模也较小，这就导致物流成本较高。②规模较小的企业所开展的自营配送模式规模有限，物流配送的专业化程度较低。对于规模不大的企业而言，其产品数量有限，采用自营物流配送模式，不能形成规模效应，一方面导致物流成本过高，产品在市场上的竞争能力下降；另一方面，由于规模有限，物流配送的专业化程度低，不能满足企业的需要。③企业配送效率低下，管理难以控制。对于绝大多数企业而言，物流部门只是企业的一个后勤部门，物流活动也并非企业所擅长。在这种情况下，企业自营配送模式就等于迫使企业从事不擅长的业务活动，企业的管理人员往往需要花费过多的时间、精力和资源去从事辅助性的工作，结果是辅助性的工作没有抓起来，关键性业务也无法发挥出核心作用。④不利于核心竞争力的提高。对于非物流企业来说，尽管在有的条件下，物流对自身的活动有着重要的影响，但物流并非企业自身的核心业务，也非自身最擅长的业务。如果采取自营物流，一方面会减少对核心业务的投入，另一方面企业管理人员需花费过多的时间、精力和资源去从事物流工作，会削弱企业的核心竞争力。

2. *第三方物流配送模式*

第三方物流配送模式以签订合同的方式，在一定时期内将部分或全部物流活动委托给专业的物流企业来完成，这种模式也称为外包物流配送模式。

按照供应链理论，将不属于核心业务的业务外包给从事该业务的专业企业去做，从原材料供应到生产，再到产品的销售等各个环节的各种职能，都是由某一领域具有专长或核心竞争力的专业企业互相协调或配合来完成的，这样形成的工业链具有最大的竞争力。

优点：①灵活运用新技术，实现以信息换库存，降低成本。第三方物流能以一种快速、更具成本优势的方式满足这些需求，而这些服务如果单靠制造商常难以实现。同样，第三方物流还具有可以满足制造企业的潜在客户需求的能力，从而起到促进生产商与零售商沟通的作用。②可以使企业专心致志地从事自己所熟悉的业务，将资源配置在核心事业上。企业集中精力于核心业务，由于资源有限，很难成为业务上面面俱到的专家，为此，企业应把资源集中于擅长的主业，而把物流等辅助功能留给第三方物流公司。③减少固定资产投资，加速资金周转。企业自营物流需要投入大量的资金购买物流设施、建设仓库和信息网络等专业物流设施。这些资源对于缺乏资金的企业，特别是对中小企业而言是沉重的负担。而如果使用第三方物流不仅减少了设施的投资，还解放了仓库和车队方面的资金占用，加速了资金周转。④提供灵活多样的客户服务，为客户创造更多的价值。假如你是原材料供应商，而你的客户需要迅速补充货源，你就要有地区仓库。通过第三方物流的仓库服务，你就可以满足客户需求，而不必因为建造新设施或长期租赁仓库而调拨资金在经营灵活性上受到限制。如果你是最终产品供应商，利用第三方物流还可以向最终客户提供超过自己能提供给他们的更多样的服务品种，为客户带来更多的附加价值，使客户满意度提高。

缺点：①失去对物流的控制权，信息水平延后、不健全。送货及时性和回单及时性很难跟进。②整体服务水平较低。没有和客户进行有效沟通。③销售资金回笼慢，影响资金的流动性。

目前，我国的第三方物流配送模式提供商主要包括一些快递公司（如顺丰、申通、圆通等）和国内邮政体系（e 邮宝）等。第三方物流配送模式也是我国大多数中小电商提供配送服务的常用模式。

3. 物流联盟模式

物流联盟是指物流配送需求企业或者物流企业之间为了提高配送效率和实现配送合理化，所建立的一种功能上互补的配送联合体。

电子商务物流联盟模式主要是指多家电子商务企业与一家或者多家物流企业进行合作，或者多家电子商务企业共同组建一个联盟企业为其提供物流服务，为了实现长期合作而组合到一起的方式。

优点：①可以降低经营风险和不确定性。长期供应链关系发展成为联盟形式，有助于降低企业的风险。单个企业的力量是有限的，它对一个领域的探索若失败则损失会很大，如果几个企业联合起来，在不同的领域分头行动，就会降低风险。而且联盟企业在行动上也有一定协同性，因此对于突如其来的风险，能够共同分担，这样便降低了各个企业的风险，提高了抵御风险的能力。②有利于提高服务水平。第三方物流公司通过联盟有利于弥补在业务范围内服务能力的不足。例如，联邦快递公司发现自己在航空运输方面存在明显的不足，于是决定把一些不是自己核心竞争力的业务外包给 Fritz 公司，与 Fritz 公司联盟，让 Fritz 公司做它的第三方物流提供商。③物流合作伙伴之间减少了相关交易费用。由于物流合作伙伴之间经常沟通与合作，使得搜寻交易对象信息方面的费用大为降低；提供个性化的物流服务建立起来的相互信任与承诺，可减少各种履约的风险；物流契约一般签约时间较长，可通过协商来减少在服务过程中产生的冲突。其缺点是更换物流伙伴比较困难。

还有“O-S-O”[①]物流模式、第四方物流模式、“自营物流+第三方物流配送”模式、“自营物流+消费自提/自营配送”模式、消费者自提/第三方配送模式、第五方物流模式等，在众多模式的支持下，农村电商物流发展前景大好。

四、“互联网+”背景下农村电商物流模式创新

1. 基于合作网点的农村物流联盟模式

基于合作网点的农村物流联盟模式，就是通过在自然村商贸文化聚集的区域建立农村合作网点，在此基础上，各联盟企业（包括第三方物流企业、第四方物流企业、电商企业、金融机构）为了控制经营风险，降低物流成本，提高运营效率，实现物流、商流、信息流、资金流等四流的高效运转，通过优化企业资源配置，建立起基于农村合作网点的、以物流企业为核心的联盟组织，并签订契约形成共担风险、相互信任、共享收益的集约化新型物流伙伴关系，从而使农村电商物流能够获得规模效率和物流效益。在互联网背景下，农村合作网点将农村电商订单流量整合起来，统一进行物流运作，大幅降低物流成本，此外，农村合作网点为农村居民提供了全方位的物流服务。第三方物流企业、第四方物流企业和各电商利用在“互联网+物流”技术的基础上将企业信息系统端口接入综合物流管理信息系统，实现信息流的无缝对接，为农村电商物流的协作化全流程提供保障和支撑。金融机构在联盟过程中利用自身拥有资本的优势，为联盟组织提供资本支持，以应对农村电商物流资源投入少的难题。

2. 基于“互联网+”的农村物流众包模式

农村客户广而分散，揽收件困难，物流成本高，使得物流覆盖面较低，采用物流众包模式可有效缓解农村电商物流的压力。因此，在“互联网+”背景下，使用大数据挖掘算法，创新农村物流众包平台，充分利用农村闲散劳动力，构建县（市）、乡、村三级农村物流扁平化网络节点，运用现代物流管理的先进理念和模式，规范农村物流服务相关环节，尽量标准化操作，并将仓储、运输、装卸、加工、配送、信息处理等物流作业有机结合，实现从前端到末端的整个农村物流领域相关信息的有效联动，最终提高物流运营效率，降低物流成本，扩大农村电商物流服务范围。

3. 农村电商物流一体化模式

农村电商物流一体化模式，就是将大型农产品加工基地和加工企业，以及一些比较分散的农户作为发起端，将农产品的生产种植、加工包装、相关认证、零售批发等信息在物流信息网络平台上实现无缝衔接；在电商物流的运营方面，从上游的供应商到下游的批发商、零售商、加工企业及终端消费者，各电商企业针对一些距离短的订单可以将产品从加工生产地直接运送到消费者手中，尽量减少中间环节，而对于一些距离比较偏

---

① O-S-O：outsourcing-self-constructed-outsourcing，物流外包–自建渠道–渠道外包。

远的地区则采取与第三方物流合作的模式。此外，在该模式下，运用信息化手段，在消费者和农村电商企业之间建立起产品可追溯大数据系统，对终端消费者来说，产品的质量有了保障，消费者可以吃到、用到更安全、更放心、更便宜的产品，同时也促进农村电商物流的快速发展。总之，基于“互联网+”的农村物流一体化模式使整个农产品的物流环节大大缩减，不仅提高了产品流通的速度，还降低了农村电商物流成本，增加了农民的收入，进一步促进了农村经济的发展。

五、农村电商物流模式发展中要注意的问题

1）完善农产品电子供应链网络结构

首先，将农产品电子供应链建成一个由农户或农业合作组织、农产品加工企业、物流运营商、批发商、零售商、消费者等主体构成的有机系统，提高系统中所有参与者的关系管理能力；其次，将农产品电子供应链建成一个合作伙伴基于专门信息服务中心提供技术支持和服务的动态供应链，参与主体实现实时信息共享，并能根据相关信息及时做出策略调整，以降低自己的运营成本与应对市场风险的能力；最后，将农产品电子供应链建成涵盖并融合物流、商流、信息流等重要内容的链条网络，其中信息流在电子供应链中发挥着至关重要的作用，没有畅通的信息流为前提，系统的整体功效便无法发挥，也就失去了其作为系统的意义。因此，完善的农产品电子供应链网络结构及合理的供应链管理机制对实现链条主体间诚信、高效率、高效益合作具有十分重要的意义。

2）加强农产品物流信息化建设

电子商务环境下的农产品物流与传统的农产品物流之间存在一个显著的不同，即信息成为农产品物流的主导，整合了农产品供应链的全过程。目前，受落后农业生产模式影响，农产品物流缺乏系统性，流通过程中的各环节还不能有效协调，物流信息化水平不高，信息标准也不统一，各类企业网站和政府信息平台都没有形成统一的标准，这大大影响了物流整体功效的发挥。农产品物流信息化建设涉及生产企业、流通企业及多个相关管理部门等。因此，信息化建设，首先要建立一套统一的物流信息技术标准，包括物流信息基础技术标准、系统技术标准等，以便各部门实现信息共享和规范处理；其次是推进农产品信息标准化建设，包括农产品品种、质量、规格、生产日期等农产品自身信息的标准化，包括农产品流通加工信息、中间商数量及规模等流通渠道信息的标准化；最后是提高农产品信息化管理水平，采用先进的信息采集方法和计量技术，实现农产品物流信息在时间、空间上的实时移动，整体提高农产品物流信息收集、处理、传递的能力和水平。

3）构建农产品物流可追溯管理机制

构建农产品物流可追溯管理机制，可从政府、企业、消费者三个方面入手。政府部门应该制定和完善相关标准，实现根据农产品包装对中间商和产地的追溯，出台相关政策措施激励并促使企业主动监督和管理物流服务商及供应商；企业应建立、完善并保存好生产记录，因为生产记录可为农产品可追溯管理提供最基础的信息，要继续推动农产

品产业化发展与农业合作组织建立，为可追溯管理机制的建立提供基础条件；消费者自身也应增强自我保护和食品安全意识，形成购买和消费可追溯农产品的习惯，促使流通企业主动接受可追溯管理。

4）合理分离农产品物流和商流

支持网上农产品专业销售服务平台建设。政府应支持和鼓励各骨干企业积极参与特色农产品电子商务平台建设，并根据当地政策给予资助和补贴。电子商务环境下农产品的网络交易使农产品运输、仓储、配送等不再受经营环节限制，即物流和商流实现了分离，可根据农产品具体情况（如类别、数量等）对其物流运作模式进行量身定做，精简流通环节，降低运输和配送成本。

5）提高农产品物流组织化与专业化水平

针对落后地区农产品物流组织化程度不高的现状，加快培育并壮大农业合作组织、农产品龙头企业等物流主体，提升农产品物流组织化水平，发挥其现代化农业生产组织功能及仓储、流通加工等物流功能，同时为农户提供及时的市场供求信息。提升第三方物流在农产品流通领域的比重，因为第三方物流具有专业化、个性化、契约化等特点，可加快流通速度以满足保鲜性要求，同时降低物流成本。物流企业在提供基础物流服务的同时，也应研究和把握市场变化，满足市场细分需求，提高自身专业化与个性化服务能力。

案例分析

秀山电商物流的快速发展

秀山电商覆盖“最后一公里”

近年来，各大电商巨头纷纷谋划进军农村市场，农村电商在各地蓬勃兴起。但在农村电商发展过程中，却始终面临着农产品进城“最初一公里”和工业品下乡“最后一公里”的难题。秀山土家族苗族自治县（以下简称秀山），这个位处重庆东南部的边城，却在近几年的探索中，依靠建立武陵生活馆和县域内快递及构造良好的物流配送体系，找到了解决“两个一公里”问题的良方，并带动当地农民脱贫致富。截至 2016 年 4 月，秀山有 186 家电商，年销售额能达到 56 亿元。

秀山云智科贸有限公司（以下简称云智科贸）是秀山专门做“最后一公里”的物流公司，在云智科贸的货仓中，身穿整齐蓝色制服的职员井井有条地收发包裹和搬运货物。秀山位于渝、湘、黔、鄂四省（市）交界之处，是沈从文笔下《边城》的原型。令人惊喜的是，在这座边城里，农村电商已非常兴盛。

村村设农产品进城 711 便利店

“没有物流的商贸就是瞎扯”，云智科贸总经理车玉昕用这句话形象地概括了农村电商面对的物流瓶颈。他指出，大型快递公司的包裹只能送到县城，不能送入村，农民要进城取货还要走近 1 千米的路程，十分不便。而云智科贸用最朴实的办法解决了这“最后一公里”的问题。云智科贸建立了专注县城区域的“云智速递”，在“云智速递”的仓库对面就是全国 23 家快递公司的货品集中站。车玉昕说，吸引这些快递公司与云智科贸合作的原因正是当地透过云智科贸运送的每日两万单货品的需求。在建立“云智快递”的同时，云智科贸还在秀山的 267 个村，建立了 24 小时运营的秀山 711 便利店——武陵生活馆，解决了农产品进城“最初一公里”的问题。

秀山现有 186 家电商，年销售额 56 亿元，每名农村电商收入每年不低于 2 万元。车玉昕说，去年秀山的“电商状元”收入达到 20 万元。除了扶贫，秀山发展农村电商也带动了年轻人回乡创业，成为现代新农民。

农民年收入将破 9 000 元

秀山成功走出农村电商之路，正是时势造就英雄。秀山县长向业顺介绍说，秀山过去是“一锰独大”，电锰加工占了全县经济总量的 70%，但发展锰产业只是集中在部分产业工人，真正对解决贫困户就业帮助不多。武陵山区落后，离县城很远的农民，有的距离几百千米，山区交通不便。脱贫需用有限的扶贫资金，给贫困户一种生活渠道和生存方式。

近几年秀山开始经济结构调整和发展新兴产业，选择发展电商，正是基于秀山的地理位置好，秀山位处四省（市）交界处，也是武陵山区交通最方便的地方，有好的物流条件，重庆市对边区商贸很重视，致力在秀山打造武陵山区最大的商贸物流中心。农村电商使很多家庭足不出户就能上网销售自己的农产品，促进了农民脱贫致富。在产业转型前，当地农民年收入为 4 000~5 000 元，2017 年达到 8 500 元，2018 年突破 9 000 元。随着电商的发展态势，在实现全县全覆盖之后，秀山还要“走出去”，占领湖南、贵州的市场。对于农村电商的未来，已在全国先走一步的秀山充满了雄心壮志。

“流水席”培训农民电商

为了培养电商人才，秀山开设了免费的电商培训班，并采用独特的“流水席”方式。由于秀山位处西南山区，当地农民对电商甚至是电脑的认知远较东部沿海地区落后。为了培养农民做电商，云智科贸采取“流水席”式培训模式，即常驻导师，农民随来随学。云智科贸亦建立了自己的题库，农民随来随考，300 道题中，有 270 道合格才能过关。这样的培训已持续三年，培养了 1 000 多名学员。当下，秀山互联网氛围渐浓，经过培训的学员在秀山开设了几百家淘宝店，他们已经习惯了网上购物、线上销售农特产品。

39 岁的某村民具有高中文化，以前略懂一点电脑知识。他此前在农村做小货车司机，月收入很不稳定。经当地政府推广宣传农村电商后，该村民到云智科贸培训一周，在考试过关后，他向云智科贸交了 1 万元，再投入 4 万元购入货品，“武陵生活馆”的装修及店内的展示柜、电脑、雪柜都由云智科贸免费提供。现在该村民经营秀山平凯街道邓阳村的“武陵生活馆”已一年，月收入在 4 000 元以上。“每个月，村里的 3 000 多枚鸡蛋、各色萝卜、白菜等新鲜农产品从我这里直接卖到城市”，该村民说，“乡亲们的生活用品也从我的店买，方便又便宜。快递直接发到我的店里，不会加价一分钱”。一买一卖，让农村的土特产卖到城里，也让村里人享受到在家淘宝、送货上门的服务。该村民告诉记者，邓阳村有 1 400 人左右，32 户贫困户通过农村电商，于 2018 年全部脱贫。

一枚土鸡蛋，打破了大山的平静。国家级贫困县秀山的一个个闭塞的贫困山村，以一枚贴上认证追溯二维码的土鸡蛋为突破口，走出了农产品进城和商品进村的坦途，带动了农户增收脱贫。

“扫描一下上面的二维码，你就知道这枚鸡蛋是哪个村哪只老母鸡生的”，在云智科贸的货仓中，总经理车玉昕从包裹中拿出一枚土鸡蛋告诉在场的记者，“一个三口之家的贫困农户，只要散养 50 只土鸡，就能基本实现脱贫‘摘帽’”。

网售鸡蛋可分享利润

生鲜农产品对消费者首先要保证品质，这就必须确定土鸡蛋是农户自由散养土鸡所产。这个确定过程由秀山农业委员会、云智科贸、秀山商务局办公室组成的电商农产品印证小组，挨家挨户普查落实，再通过“武陵生活馆”定向收购。散养区域有摄像头，可随时监控。“武陵生活馆”向已印证的诚信农户发放二维码，农户自己做推销员。

“武陵生活馆”乡村店相当于一个农产品收集站，对土特产推出了标准认定。农户散养的土鸡蛋按照每枚 1.6 元的收购价，分两次付钱。第一次是见蛋收，每枚收购价 1 元，网售鸡蛋一个月后若无质量投诉，农户还能分享每枚 0.6 元的利润。1.6 元/枚的收购价比普通鸡蛋的市场收购价高 1 倍以上。

截至 2016 年 4 月，云智科贸有 500 多户土鸡蛋供应商。2015 年，秀山通过云智科贸销售土鸡蛋 100 万枚。截至 2016 年 4 月，秀山经认证的土鸡散养农户为 3 600 余家，散养土鸡数量共 11.6 万只，具备收购土鸡蛋资质的“武陵生活馆”乡村店有 121 家。

电商智慧物流的企业行动

随着物流需求结构深度调整，我国物流依托现代互联网信息技术，由传统物流向智慧物流的方向发展。为顺应现代物流发展趋势，我们将主要介绍京东、阿里、苏宁、亚马逊在智慧物流情况下进行的企业行动。

第一节　智慧物流的基本概述

一、智慧物流的含义

智慧物流系统（intelligent logistics system，ILS）首次由 IBM 公司提出。智慧物流是利用集成智能化技术，使物流系统能模仿人的智能，具有思维、感知、学习、推理判断和自行解决物流中某些问题的能力，即在流通过程中获取信息从而分析信息并做出决策，使商品从源头开始被实施跟踪与管理，实现信息流快于物流，可通过 RFID 技术、传感器、移动通信技术等让配送货物自动化、信息化和网络化。

二、智慧物流的特点[26]

1. 物流互联网逐步形成

近年来，随着移动互联网的快速发展，大量物流设施通过传感器接入互联网。截至 2017 年，我国已经有超过 400 万辆重载货车安装了北斗定位装置，还有大量托盘、集装箱、仓库、货物接入互联网。物流连接呈快速增长趋势，以信息互联、设施互联带动物流互联，物流互联网的形成正处于关键时期。物流在线化创造和奠定了智慧物流发展的基础。

2. 物流大数据得到应用

物流的在线运作产生大量业务数据，使得物流大数据从理念变为现实，数据驱动的商业模式推动产业智能化变革，大幅提高了生产效率。例如，菜鸟网络推出智能路由分单，实现包裹与网点的精准匹配，准确率高达 98%以上，分拣效率提高 50%以上，大大缓解了爆仓压力。利用物流大数据服务对物流大数据进行处理与分析，挖掘对企业运营管理有价值的信息，从而科学合理地进行管理决策，是物流企业的普遍需求，其典型场景包括数据共享、销售预测、网络规划、库存部署、行业洞察。

3. 物流云服务强化保障

依托大数据和云计算能力，通过物流云高效整合、管理、调度资源，为各参与方按需提供信息系统及算法应用服务，是智慧物流的核心需求。近年来，京东、菜鸟、百度等纷纷推出物流云服务应用，为物流大数据提供了重要保障。业务数据化正在成为智慧物流的重要基础。物流云服务的典型场景包括统筹资源、软件即服务、算法组件化服务。

4. 协同共享助推模式创新

智慧物流的核心是协同共享，这是信息社会区别于传统社会，并将爆发出最大创新活力的理念源泉。协同共享理念克服了传统社会的产权所有观念，通过分享使用权而不占有所有权，打破传统企业边界，深化企业分工协作，实现存量资源的社会化转变与闲置资源的最大化利用。例如，菜鸟驿站整合高校、社区、便利店、物业等社会资源，有效解决了末端配送效率与成本问题。近年来，“互联网+物流服务”成为贯彻协同共享理念的典型代表。利用互联网技术和互联网思维，推动互联网与物流业深度融合，重塑产业发展方式与分工体系，为物流企业转型提供方向指引，其典型场景包括“互联网+高效运输”、“互联网+智能仓储”、“互联网+便捷配送”和“互联网+智能终端”。

5. 人工智能正在起步

以人工智能为代表的物流技术服务应用信息化、自动化、智能化技术来实现物流作业的高效率、低成本，是物流企业较为迫切的现实需求。其中，人工智能通过赋能物流各环节、各领域，实现智能配置物流资源、智能优化物流环节、智能提升物流效率。特别是在无人驾驶、无人仓储、无人配送、物流机器人等人工智能前沿领域，菜鸟、京东、苏宁等一批领先企业已经着手开展试验应用，有望与国际电商和物流企业从同一起跑线起步。物流技术服务的典型场景包括自动化设备、智能设备、智能终端。

三、智慧物流的作用[27]

1. 降低物流成本，提高企业利润

智慧物流能大大降低制造业、物流业等各行业的成本，提高企业的利润，生产商、批发商、零售商三方通过智慧物流相互协作、信息共享，物流企业便能更好地节省成本。其关键技术，如物体标识及标识追踪、无线定位等新型信息技术应用，能够有效实现物流的智能调度管理，整合物流核心业务流程，加强物流管理的合理化，降低物流消耗，从而降低物流成本、减少流通费用、增加利润。

2. 加速物流产业的发展，成为物流业的信息技术支撑

智慧物流的建设，将加速当地物流产业的发展，智慧物流集仓储、运输、配送、信息服务等多功能于一体，打破行业限制，协调部门利益，实现集约化高效经营，优化社会物流资源配置。同时，智慧物流将物流企业整合在一起，将过去分散于多处的物流资源进行集中处理，发挥整体优势和规模优势，实现传统物流企业的现代化、专业化和互补性。此外，这些企业还可以共享基础设施、配套服务和信息，降低运营成本和费用支出，获得规模效益。

3. 为企业生产、采购和销售系统的智能融合打下基础

随着 RFID 技术与传感器网络的普及，物与物的互联互通将给企业的物流系统、生产系统、采购系统与销售系统的智能融合打下基础，而网络的融合必将促进智慧生产与智慧供应链的融合，企业物流完全智慧地融入企业经营之中，打破了工序和流程界限，以打造智慧企业。

4. 使消费者节约成本，轻松、放心购物

智慧物流通过提供货物源头自助查询和跟踪等多种服务，尤其是提供食品类货物的源头查询，能够让消费者买得放心、吃得放心，增加消费者的购买信心，促进消费，最终对整体市场产生良性影响。

5. 提高政府部门工作效率，助力于政治体制改革

智慧物流可全方位、全过程地监管食品的生产、运输、销售，在大大节省相关政府部门工作压力的同时，使监管更彻底、更透明。通过计算机和网络的应用，政府部门的工作效率将大大提高，有助于我国政治体制的改革，以及精简政府机构、裁汰冗员，从而削减政府开支。

6. 促进当地经济进一步发展，提升综合竞争力

智慧物流集多种服务功能于一体，体现了现代经济运作特点的需求，即强调信息流与物流快速、高效、通畅的运转，从而降低社会成本，提高生产效率，整合社会资源。

四、智慧物流的基本功能

（1）感知功能。运用各种先进技术能够获取运输、仓储、包装、装卸搬运、流通加工、配送、信息服务等各个环节的大量信息。实现实时数据收集，使各方能准确掌握货物、车辆和仓库等信息，初步实现感知智慧。

（2）规整功能。继感知之后把采集的信息通过网络传输到数据中心，用于数据归档。建立强大的数据库，在分门别类后加入新数据，使各类数据按要求进行规整，实现数据的联系性、开放性及动态性。通过对数据和流程的标准化，推进跨网络的系统整合，实

现规整智慧。

（3）智能分析功能。运用智能的模拟器等分析物流问题，根据问题提出假设，并在实践过程中不断验证问题，发现新问题，做到理论与实践相结合。在运行中系统会自行调用原有经验数据，随时发现物流作业活动中的漏洞或者薄弱环节，从而实现智能分析。

（4）优化决策功能。结合特定需要，根据不同的情况评估成本、时间、质量、服务、碳排放等，评估基于概率的风险，进行预测分析，协同制定决策，提出最合理有效的解决方案，使做出的决策更加准确、科学，从而实现决策优化。

（5）系统支持功能。系统智慧集中表现于智慧物流，其并不是各个环节各自独立、毫不相关的物流系统，而是每个环节都能相互联系、互通有无、共享数据、优化资源配置的系统，从而为物流各个环节提供最强大的系统支持，使得各环节协作、协调、协同。

（6）自动修正功能。在前面各个功能的基础上，按照最有效的解决方案，系统自动遵循最快捷有效的路线运行，并在发现问题后自动修正，并且备用在案，方便日后查询。

（7）及时反馈功能。物流系统是一个实时更新的系统，反馈是实现系统修正、系统完善必不可少的环节。反馈贯穿于智慧物流系统的每一个环节，为物流相关作业者了解物流运行情况，及时解决系统问题提供强大的保障。

第二节　智慧物流的实施

一、智慧物流结构体系[28]

按照服务对象和服务范围划分，智慧物流体系可以分为企业智慧物流、行业智慧物流及区域智慧物流三个层面。

（1）企业智慧物流层面。主要是推广信息技术在物流企业的应用，集中表现在应用新的传感技术，实现仓储、运输、装卸、搬运、包装、配送及供应链等各个环节的智能化，从而培育一批信息化水平高、示范带动作用强的智慧物流示范企业。

（2）行业智慧物流层面。主要包括智慧区域物流中心、区域智慧物流行业、协调和预警机制的建设三个方面。

第一，智慧区域物流中心。智慧区域物流中心的建立关键是要搭建区域物流信息平台，这是区域物流活动的神经中枢，连接着物流系统的各个层次、各个方面，将原本分离的商流、物流、信息流和采购、运输、仓储、代理、配送等环节紧密联系起来，形成一条完整的供应链。智慧物流园区是指加入了信息平台的先进性、供应链管理的完整性、电子商务的安全性的物流园区，基本特征是商流、信息流、资金流的快速安全运转满足企业信息系统对相关信息的需求，通过共享信息支撑政府部门监督行业管理与市场规范化管理方面协同工作机制的建立，确保物流信息正确、及时、高效、通畅。智慧技术的运用使得运输合理化、仓储自动化、包装标准化、装卸机械化、加工配送一体化、信息管理网络化。第二，区域智慧物流行业（以快递为例）。在快递行业中加强先进技术的应用，重视新技术的开发与利用，如采用自动报单、自动分拣、自动跟踪等系统，以及进行信息主干网的建设、无线通信和移动数据交换系统的建设等。这些投资不仅使运件的实时跟踪变得轻而易举，而且还大大降低了服务的成本。第三，协调和预警机制。深入研究，加强监测，对一些基础数据进行开拓和挖掘，做好统计数据和相关信息的收集，及时反映相关问题，建立相应的协调和预警机制。

（3）区域智慧物流层面。主要打造一体化的交通同制、规划同网、铁路同轨、乘车同卡的现代物流支持平台，以制度协调、资源互补和需求放大效应为目标，以物流一体化推动整个经济的快速增长。与此同时，着眼于实现功能互补、错位发展，着力构建运输服务网络，基本建成以国际物流网、区域物流网和城市配送网为主体的快速公路货运网络，“水陆配套、多式联运”的港口集疏运网络，“客货并举、以货为主”的航空运输网，“干支直达、通江达海”的内河货运网络。同时要打造若干物流节点，智慧物流网络中的物流结点对优化整个物流网络起着重要作用，从发展来看，它不仅执行一般的物流职能，而且越来越多地执行指挥调度、接收信息等神经中枢的职能。

二、智慧物流的实施基础

（1）信息网络是智慧物流系统的基础。智慧物流系统的信息收集、交换共享及指令下达都要依靠一个发达的信息网络。没有准确的、实时的需求信息、供应信息、控制信息作基础，智慧物流系统也就无法对信息进行筛选、规整、分析，也就无法发现物流作业中有待优化的问题，更无法创造性地做出优化决策，整个智慧系统也就无法实现。

（2）网络数据挖掘和商业智能技术是实现智慧系统的关键。若要对海量信息进行筛选规整及分析处理，提取其中有价值的信息，从而为系统的智慧决策提供支持，就必须依靠网络数据挖掘和商业智能技术，并在此基础上，自动生成解决方案，供决策者参考，实现技术智慧与人的智慧的结合。

（3）良好的物流运作和管理水平是实现智慧物流系统的保障。智慧物流的实现需要配套的物流运作和管理水平。实践证明，如果没有良好的物流运作和管理水平，盲目发展信息系统，不仅不能改善业绩，反而会适得其反。智慧物流系统的实现也离不开良好的物流运作和管理水平，只有二者结合，才能实现智慧物流的系统智慧，发挥协同、协作、协调效应。

（4）智慧物流的实现更需要专业的 IT 人才与熟悉物流活动规律的经营人才的共同努力。物流业是一个专业密集型和技术密集型的行业，没有人才，大量信息的筛选、分析乃至应用就无从入手，智慧技术的应用与技术之间的结合也无从进行。

（5）智慧物流的建成必须实现从传统物流向现代物流的转换。智慧物流所要实现的产品的智能可追溯网络系统、物流过程的可视化智能管理网络体系、智能化的企业物流配送中心和企业的智慧供应链必须建立在“综合物流”之上，如果传统物流不向现代物流转变，智慧物流就只是局部的智能而不是系统的智慧。

（6）物流系统只有在物流技术、智慧技术与相关技术有机结合的支持下才能得以实现，两者相辅相成。这些技术主要包括新的传感技术、EDI、GPS、RFID 技术、条码技术、视频监控技术、移动计算技术、无线网络传输技术、基础通信网络技术和互联网技术。

三、智慧物流的实施模式

（1）第三方智慧物流企业运营模式。第三方智慧物流系统不同于传统的第三方物流系统，顾客可以在网上直接下单，然后第三方智慧物流系统将对订单进行标准化，并通过 EDI 传给第三方物流企业。第三方物流企业利用传感器、RFID 技术和智能设备来自动处理货物信息，实现实时数据收集并提高透明度。第三方智慧物流系统通过准确掌握货物、天气、车辆和仓库等信息，利用智能的模拟器模型等手段评估成本、时间、碳排放等，将商品安全、及时、准确无误地送达客户。

（2）物流园区模式在智慧物流园区的建设中要考虑信息平台的先进性、供应链管理的完整性及电子商务的安全性，以确保物流园区商流、信息流、资金流的快速安全运转。智慧物流园区要有良好的通信基础设施、共用信息平台系统，通过提供行业管理的信息支撑手段来提高行业管理水平。建立智慧配送中心使用户订货适时、准确，尽可能不使用户所需的商品断档，保证订货、出货、配送信息畅通无阻。

（3）大型制造企业模式。大型制造企业模式要求制造企业里的每个节点都能够提供关于自身及与其相关联的对象的数据，并且能够将这些数据进行传输。这样一来，每个物件都具备了数据获取、数据处理及数据通信能力，从而可构建由大量的智慧物件组成的网络。在智慧物件网络基础上，所有的物品信息均可连通，组成物联网，企业就能够及时、准确、详细地获取关于库存、生产、市场等的相关信息，然后通过找出其中的问题、机会和风险，再及时地做出正确的决策，尽快生产出满足市场需求的产品，从而实现企业的最大效益。

四、智慧物流的实施步骤[29]

第一步：完善基础功能。提高既有资源整合和设施的综合利用水平，加强物流基础设施在规划上的宏观协调和功能整合，使物流基础设施的空间布局更合理，功能更完善，逐步提高各种运输服务方式对物流基础设施的支持能力、物流基础设施的经营与网络化服务能力，以及物流基础设施的信息化水平。

第二步：开发物流模块的智慧。智慧物流系统设计可以采取模块设计方法，即先将系统分解成多个部分，逐一设计，再根据最优化原则组合成为一个满意的系统。在智慧物流感知功能方面包括基本信息维护模块、订单接收模块、运输跟踪模块、库存管理模块。在智慧物流规整功能方面主要包括调度模块，这是业务流程的核心模块。智慧物流企业通过向用户提供按关键项排序、归类和汇总的订单，以及详细的运输工具状态查询等智能支持，完成订单的分理和调度单的制作。智慧物流的创新智慧主要表现在分析决策模块。系统提供了强大的报表分析功能，各级决策者可以看到他们各自关心的分析结果；而系统智慧体现在技术工具层次上的集成、物流管理层次上的集成、供应链管理层次上的集成、物流系统同其他系统的集成，共同构成供应链级的管理信息平台。

第三步：目标和方案的确立。智慧物流的建设目标包括构建多层次智慧物流网络体系，建设若干个智慧物流示范园区、示范工程、产业基地，引进一批智慧企业。智慧物流系统的建设步骤包括：搭建物流基础设施平台，加强物流基础功能建设，开发一些最主要的物流信息管理软件，完成服务共享的管理功能和辅助决策的增殖服务功能，进一步完善物流信息平台的网上交易功能。

第四步：系统的实现。通过对物流数据的挖掘和商业智能对信息进行的筛选，提取信息的价值，找出其中的问题、机会和风险，从而实现系统的提升；利用智能的模拟器模型等手段，评估基于概率的风险，进行预测分析，实现具有优化预测及决策支持的网络化规划并执行，从而实现系统的创新智慧和系统智慧。

五、智慧物流系统的创建

一是建立基础数据库。建立内容全面丰富、科学准确、更新及时且能够实现共享的信息数据库是企业实现信息化建设和智能物流的基础，尤其是在数据采集挖掘、商业智能方面，更要做好功课，对数据采集、跟踪分析进行建模，为智能物流的关键应用打好基础。

二是推进业务流程优化。目前企业传统物流业务流程信息传递迟缓，运行时间长，部门之间协调性差，组织缺乏柔性，制约了智能物流建设的步伐。企业尤其是物流企业需要以科学发展观为指导，坚持以客户的利益和资源的节约保护为出发点，运用现代信息技术和最新管理理论对原有业务流程进行优化和再造。企业物流业务流程优化和再造包括观念再造、无边界组织建设、工作流程优化（主要指对客户关系管理、办公自动化和智能监测等业务流程的优化和再造）。

三是重点创建信息采集跟踪系统。信息采集跟踪系统是智能物流系统的重要组成部分。物流信息采集系统主要由 RFID 系统和 Savant（传感器数据处理中心）系统组成。每当识读器扫描到一个标签信息，收集到的数据将传递到整个 Savant 系统，为企业产品物流跟踪系统提供数据来源，从而实现物流作业的无纸化。而物流跟踪系统则以 Savant 系统为支撑，主要包括对象名解析服务和实体标记语言，包括产品生产物流跟踪、产品存储物流跟踪、产品运输物流跟踪、产品销售物流跟踪，以保证产品流通安全，提高物流效率。当然，创建信息采集跟踪系统，要先做好智能物流管理系统的选型工作，其中信息采集跟踪子系统是重点考察内容。

四是实现车辆人员智能管理。车辆调度：提供送货派车管理、安检记录等功能，对配备车辆实现订单的灵活装载。车辆管理：管理员可以新增、修改、删除、查询车辆信息，并且随时掌握每辆车的位置信息，监控车队的行驶轨迹，同时可避免车辆遇劫或丢失，并可设置车辆超速告警及进出相关区域告警；监控司机、外勤人员实时位置信息及查看历史轨迹；可设置电子签到，最终实现物流全过程可视化管理。实现车辆人员智能管理，还要做到高峰期车辆分流控制系统，避免车辆闲置。企业尤其是物流企业可以通过预订分流、送货分流和返程分流实行三级分流。高峰期车辆分流功能能够均衡车辆的分布，降低物流对资源的消耗和对自然的破坏，有效确保客户的满意度，对提高效率与降低成本具有重要意义。车辆人员智能管理系统也是智能物流系统的重要组成模块，在采购时要加以甄别，选好选优。

五是做好智能订单管理。推广智能物流的一个重点就是要实现智能订单管理，第一是公司呼叫中心员工或系统管理员在接到客户发（取）货请求后，录入客户地址和联系方式等客户信息，管理员就可查询、派送该公司的订单；第二是通过 GPS/GPSone 定位某个区域范围内的派送员，将订单任务指派给最合适的派送员，派送员可通过手机短信来接受任务和执行任务；第三是系统还要能提供条码扫描和上传签名拍照的功能，提高派送效率。

六是积极推广战略联盟。智能物流建设最终的成功需要企业尤其是物流企业同科研院校、研究机构、非政府组织、各相关企业、IT 公司等通过签订协议而结成资源共享、优势互补、风险共担、要素水平双向或多向流动的战略联盟。战略联盟具有节省成本、积聚资源、降低风险、增强物流企业竞争力等优势，除此之外，还可以弥补物流企业所需资金、技术、人才的不足。

七是制定危机管理应对机制。智能物流的建设不仅要加强企业常态化管理，更应努力提高危机管理水平。企业尤其是物流企业应在物联网基础上建设智能监测系统、风险评估系统、应急响应系统和危机决策系统，这样才能有效应对火灾、洪水、极端天气、地震、泥石流等自然灾害，才能抵御瘟疫、恐怖袭击等突发事件对智能物流建设的冲击，尽量避免或减少对客户单位、零售终端、消费者和各相关人员的财产或人身安全造成伤害或损失，实现物流企业健康有序的发展。

八是将更多物联网技术集成应用于智能物流。物联网建设是企业未来信息化建设的重要内容，也是智能物流系统形成的重点组成部分。目前在物流业应用较多的感知手段主要是 RFID 技术和 GPS，今后随着物联网技术不断发展，激光、卫星定位、地理信息系统、智能交通、M2M（machine to machine，机器对机器）等多种技术也将更多应用于现代物流领域，用于现代物流作业中的各种感知与操作。例如，温度的感知用于冷链物流，侵入系统的感知用于物流安全防盗，视频的感知用于各种控制环节与物流作业引导，等等。

案例分析

京东、阿里、苏宁、亚马逊的智慧行动

一、大数据分析

大数据指的是所涉及的资料量规模巨大到无法通过目前的主流软件工具，在合理时间内达到撷取、管理、处理并整理成为帮助企业实现更积极目的的资讯。业界将其特点归结为 4V，即 volume（海量）、velocity（高速）、variety（多样）、value（价值）。与传统数据相比较，大数据包含数据交换、互联、质量、安全等数据体系建设及建设上层数据应用的整个生态圈。

大数据是时下最火热的 IT 行业的词汇，随之而来的数据仓库、数据安全、数据分析、

数据挖掘等围绕大数据商业价值的利用逐渐成为行业人士争相追捧的焦点。随着大数据时代的来临，大数据分析也应运而生。

在大数据时代浪潮中，每经过 3 分钟，支付宝上将产生 4 400 万元的交易额。这种爆炸性增长的数据量对于企业发展来说，是一笔取之不尽、用之不竭的财富。阿里、京东等众多网络巨头正因为看中了这座金矿，纷纷提出将数据作为未来发展的重要战略之一。2013 年，电商的竞争很大程度上是大数据的竞争，大数据贯穿整个电商的业务流程，成为企业的核心竞争力。

京东大数据的优势得益于京东电商业务的全价值链数据。京东的主要业务是自营式电商，要求端到端的流程控制，使得京东的大数据覆盖了电商的全部流程，从采购、库房、销售、配送到售后、客服，整个链条是完整的。数据集成开发平台是京东大数据发展的一个里程碑式产品，它的出现结束了数据分析师和业务部门数据需求人员通过客户端工具手工提取数据的痛苦经历，并对后来的数据知识管理平台等产品的出现产生直接影响。数据知识管理平台的出现是一个水到渠成的结果，在数据仓库模型规范确定之后，元数据信息也有了标准的分类体系。

在数据产品化团队建设上，2013 年 1 月，阿里将 6 个子公司变形为 7 大事业群，完成了 25 个事业部战略调整，专门设立数据平台事业部并任命首席数据官陆兆禧为集团 CEO。同时，阿里成立了数据委员会，由淘宝网商业智能部负责人车品觉出任首任会长。阿里的架构调整，旨在使现有生态系统更加市场化、平台化、数据化和物种多样化，最终实现“同一个生态，千万家公司”的良好社会商业生态系统。在数据战略架构上，阿里很早就开始布局了。2010 年，阿里推出一淘网，目标是做一家全网购物搜索引擎；2011 年，淘宝收购 CNZZ 网络技术服务公司，次年 CNZZ 推出“云推荐”内容推荐引擎；2013 年，淘宝联盟重启“阿里妈妈”品牌名，从以服务淘宝商家为主转为面向全网所有广告主开放的广告交易平台；2018 年 4 月 29 日，阿里以 5.86 亿美元购入新浪微博 18%股份，双方在用户账户互通、数据交换、在线支付、网络营销等领域进行合作。

近年来，家电行业面临去产能、去库存、增速放缓的压力，如何有效拉动家电消费，带动整个行业高质量增长，成为当务之急。苏宁在南京总部召开新闻发布会，在发会上苏宁公布了家电 3C 方面的新战略。苏宁推出 2 000 万台家电单品标书，欲通过大数据分析精准定制消费需求，指导厂商生产制造。苏宁方面还表示将联合阿里共同精研用户大数据，整合双方自愿制订家电品牌营销方案。在线上，苏宁易购进一步开放互联网平台，鼓励家电战略品牌开设官方旗舰店。苏宁已推出苏宁易购天猫独立频道项目，通过用户大数据，协同双方精英营销团队为家电品牌制订全生命周期的营销方案。

二、智能机器人

目前，人工智能正在以前所未有的姿态汹涌而来，快速进入人们的视野。京东一直致力于用技术驱动业务成长，全面提高用户体验，以应对未来客服人力成本的上升，以及顺应人工智能技术的发展趋势。

早在 2012 年，京东就决定研制智能机器人以应对业务不断拓展带来的客服成本上升的压力。2012 年，JIMI 顺势诞生，其初期以售后服务为主，2014 年 5 月开放售前服务，逐渐拓展到移动端、微博、微信等多平台端口，为用户提供推荐商品、告知优惠、砍价、下单、直接支付的售前全流程闭环体验，让用户可以边咨询边购物，成为用户贴心的购物助手。同时，京东也将智能机器人拓展到各个业务层面，店铺 JIMI、京东金融 JIMI、京东到家 JIMI 相继诞生，此外，京东还将 JIMI 的服务能力平台化，推出了 JIMI 开放平台，接入长虹、华西等外部企业。在这个全面应用和不断推广过程中，JIMI 也为京东商城节约了数千万元的人力成本，日接待量高达百万次，覆盖京东大部分商品，其应答准确率在 90%以上，用户满意度高达 80%以上，减少客服压力的同时为用户提供了更好的服务，也帮助外部企业减少了至少 50%的人力成本。未来 JIMI 也会继续不断进化，除客服行业外，还会积极拓展其他领域的深度学习，提升服务质量，推动人工智能技术成长。同时，京东通过人工智能开放平台，给不同行业的商家或机构提供智能咨询服务及解决方案，让智能 JIMI 的身影进入各个垂直领域，实现京东技术能力的开放与经验共享。

早在 2012 年，阿里就开始汇集一批来自全球的科学家，从事人工智能领域的技术研发和储备，但直至 2015 年才开始被媒体关注。2015 年，阿里在人工智能领域的动作除了推出的 DT PAI 平台比较有代表性外，其他举措均较为保守，缺乏特色产品。2015 年 6 月，阿里联合富士康向日本软银（SoftBank）旗下的机器人公司 SBRH 战略注资 145 亿日元（约合 7.32 亿元）。这是阿里巴巴在机器人领域的首笔投资，SBRH 曾发布世界上第一款可以识别情绪的仿人形机器人 Pepper。2015 年 7 月，阿里发布虚拟购物助理机器人“阿里小蜜”，“阿里小蜜”是一款人工智能虚拟助手，与 Siri 类似，但更多是协助会员购物。前端通过自然语言（文本和语音）交互，后台技术与 Facebook 的 M 类似，采用“智能+人工”的方式为用户提供服务，通过云计算、大数据、深度神经网络等技术为会员提供性价比高的商品。2015 年 8 月，阿里推出可视化人工智能平台 DT PAI，DT PAI 平台可供开发者通过简单拖拽的方式完成对海量数据的分析挖掘，以及对用户行为、行业走势的预测等。DT PAI 平台集成阿里内部的特征工程、大规模机器学习、深度学习等算法库。后期 DT PAI 平台对外开放算法库，并允许数据科学家提交自己的算法。2015 年 9 月，支付宝发布自有智能机器人客服，从支付宝 9.0 版本开始，这些智能机器人可以理解口语化问题、分辨问题焦点、理解上下文并且可以自我学习，服务效率是人工客服的 60 倍。2015 年 10 月，阿里绿网上线，阿里绿网的另一个名字是“黄图打分器”，通过图像识别技术鉴别黄色图片，准确率高达 99.6%。开启图片鉴黄功能后，每一张图片下方都会有阿里绿网检测出的黄色图片分值，分值从 0~100，分值越高，代表该图片是黄色图片的概率越高。此外，除了识别图像，阿里绿网还利用自然语言处理技术提供检测违规信息的解决方案。2016 年 3 月，阿里推出阿里万象，阿里万象为卖家提供了一个虚拟助手式的问答平台，融入 8 大数据和人工智能技术，解决卖家开店中的问题，如创建店铺、修改评价等。2016 年 6 月，在线人工客服并入了阿里万象。2016 年 8 月，ET 机器人推出，ET 机器人目前已拥有智能语音识别、图像或视频识别、情感分析等技术。ET 机器人目前处于 1.0 阶段，已初步具备听、说、看的感知能力，未来能够在交通、工业生产、健康等领域输出决策。

2016 年 12 月，苏宁首个机器人之家面世，苏宁易购联合多个商家机构，共同推进智能机器人产业化。2017 年，苏宁依托 O2O 双线优势，打造了 50 个机器人体验基地、50 个机器人服务网点，举办了 100 场机器人培训课堂。业内人士认为，强渠道的苏宁，打造体验、销售、培训、售后一体化服务，必将大大拉近智能机器人与普通消费者之间的距离。智能机器人作为站在时代风口的产品，不断改善和提高人们的生活质量，势必具备强劲的消费潜力。2017 年智能机器人市场迎来了井喷式爆发，功能、特性、体验式的销售渠道成智能机器人市场竞争的重要砝码。相比起纯电商平台，苏宁易购的 O2O 渠道价值凸显，除了线上的苏宁易购平台和猫宁电商平台，还拥有线下 3 000 多家实体店。要实现智能机器人的落地展示、体验，这种渠道拥有独特优势。苏宁的 200 多家云店均处于一线城市的最核心商圈，集智能数码、家电、3C、超市、餐饮、母婴、儿童乐园于一体，可为智能机器人提供展示、体验专区，拉升品牌影响力；另外的 1 380 家常规店，分布在全国重点城市的核心商圈，拥有庞大的人流量和消费群体；拥有的 1 700 家苏宁易购服务站，分布在三四线城市及乡镇市场，可以帮助智能机器人市场充分下沉，为不同层级的消费者提供更加便捷高效的产品演示和服务。通过苏宁易购线上的流量导入，再到门店的精准营销、体验营销，苏宁可以把机器人品牌和产品更好地宣传推广给消费者，可以用最短的时间，培育出稳定的、规模化的智能机器人市场。2017 年，苏宁易购从机器人场景化体验陈列、机器人课堂、机器人系统升级维修服务机构建立和机器人供应链优化四大方面，着手推进机器人产业化。2017 年，苏宁易购在线下至少开设了 50 家场景化体验店，提高了消费者的互动参与，另外，还举办了 100 场以上的机器人互动课堂，增强了用户体验服务。50 家云店还增加了机器人维修、升级服务中心，努力打造苏宁易购、智能品牌、消费者三者之间的良性消费闭环。

作为美国最大的电商网站，亚马逊为了满足快速发货、送货的需求，在搬货、捡货的流程使用机器人[30]。这些机器人的工作效率是人类的数倍，极大地提升了整体效率。亚马逊在加利福尼亚州的 10 个仓库中都部署了这种机器人。在这些机器人的帮助下，亚马逊才能够将客户从数百万件商品中选购的货物及时送至他们手中。亚马逊透露，2016 年全球客户网购商品超过 3 680 万件，该公司平均每秒会收到 426 个商品订单。根据服务商 Channel Advisor 的数据，亚马逊“黑色星期五”当天的销售额同比增长了 24%，周六的销售额同比增长了 45%。事实上亚马逊并不孤单，因为网购已成为美国乃至全球的主流消费方式。以前，大家总是在实体店收银台前排队付款。现在，只要坐在沙发上动动手指就行，就算是在逛商场的时候，不少人也会用移动设备网购。这种现实和虚拟交叉的购物方式，似乎已成为常态。

三、高规格研发中心

京东集团硅谷研发中心于 2015 年在硅谷揭幕，这是京东在美国，也是在亚洲以外区域的第一个分支机构。这个研发中心致力于进行人才、技术方面的沟通交流，开发云计算、大数据等技术，提升京东用户的体验。同时，京东集团硅谷研发中心的落成将帮助美国零售商、合作伙伴及各大品牌通过京东购物平台建立与扩大其在中国的影响。选择硅谷，主要是因为硅谷的人才和技术优势，硅谷是 IT 行业的引擎，也是人才库。早在

2013 年，京东就开始在国际领域招募人才，希望能吸引更多的高水平工程师加入京东，用划时代的技术提升客户体验。京东在海外设立研发中心出于多方面考虑：京东在电商领域拥有巨大的成长空间和领先的成长速度，足以吸引世界一流人才；硅谷研发中心设立后将更有利于引进国际技术人才，使他们加入京东平台，回国或在美国当地发挥自己的价值；硅谷研发中心也将成为两地技术交流的窗口，让京东和硅谷有更紧密的联系，搭建双方技术创新的通畅沟通渠道；京东在这里也能把握更多投资机会，和伙伴们共同成长。技术不仅为京东业务提供了可靠的支撑和保障，而且技术创新开始引领业务成长，成为京东发展的关键驱动力量。在大数据、云计算、个性化服务等领域，京东的技术创新和应用都取得了令行业瞩目的成就。2017 年 6 月，全球首个无人机运营调度中心——京东智慧物流全国运营调度中心正式落成并投入使用。2017 年，京东的无人机、无人车、无人仓等都已投入实际运营，京东智慧物流项目全面开花，已大规模落地应用。智慧物流在京东的萌芽、发展、落地，并不止步于概念，也不局限于单独的机型研发和试飞测试，而是在不断推进智慧物流体系生态链中的每一个环节，从研发到测试，从技术到人才，直至正式的常态化落地运营。

第六章

电商及其物流的演变趋势

第一节　电商的演变趋势

电子商务发展迅猛，其模式除了我们常见的 B2B、B2C、C2C 以外，还有很多新模式出现，下面介绍几种电子商务发展新模式。

一、C2F 和 C2M

这是近年来随着技术发展兴起的新型定制模式，指的是将客户需求直接反馈到工厂，省去所有中间渠道，实现按需求进行定制生产的过程。其核心是具有移动互联网和大数据思维，以顾客为中心、以数字化为基础、以设计为方向。

1. C2F 和 C2M 的简介

C2F 是英文 customer-to-factory 的缩写，其中文翻译为终端消费者对工厂。C2F 是由卓越印象定制网舒克提出的一种新型电子商务模式，是指消费者通过互联网向工厂定制个性商品的一种新型网上购物行为。C2M 是英文 customer-to-manufactory 的缩写，其中文翻译为顾客对工厂。顾客对工厂是一种新型的电子商务互联网商业模式，这种模式是基于社区 SNS（social network service，社交网络服务）平台及 B2C 平台模式的一种新的电子商务模式。我们还可以将其称作“短路经济”，它将工厂和消费者直接相连，消除了产品中间流通环节，采用先销后产的订单方式实现产品零库存，最终满足消费者的个性化需求。

随着互联网的普及，网上购物所占比例越来越重，越来越多的商品可以在网上被购买到。在互联网如此发达的今天，更多人已经不满足互联网上销售的商品，各种奇特的产品需求萌生，人们渴望买到有个性、独一无二的商品，因此 C2F 和 C2M 迎合市场的需求而生。2015 年 7 月，全球首个 C2M 电子商务平台上线，这是 C2M 模式（短路经济模式）首次应用在互联网电子商务中。它一头连着制造商，一头连着消费者，去除库存、物流、总销、分销等一切可以去除的中间环节，砍掉包括库存环节在内的所有不必要的成本，让用户以超低价格购买到超高品质的产品。

C2F 是以消费者特殊购买欲望为主导，以工厂生产制作、加工服务为构成条件的新型网上购物体验。消费者可以在网络上定制独一无二的商品。C2F 电子商务模式满足了不同群体或个人对不同商品的不同需求，如可以把自己的照片、图片、公司宣传图片印在各类日常生活用品、商务用品上，制作成自己的专属礼品，无论送给亲人、朋友、爱人或自己等都更能表达自己的心意。

C2M 模式是在工业互联网①背景下产生的，它的提出源于德国政府在 2011 年汉诺威工业博览会上提出的工业 4.0 概念，是指现代工业的自动化、智能化、网络化、定制化和节能化。它的终极目标是通过互联网将不同的生产线连接在一起，运用庞大的计算机系统随时进行数据交换，按照客户的产品订单要求，设定供应商和生产工序，最终生产出个性化产品。

2. C2F 和 C2M 的优势

C2F、C2M 相对 B2C、C2C 电子商务模式的优势表现在以下几点：

（1）实现了用户到工厂的直连，去除所有中间流通加价环节，直接向工厂定制，让商品价格更便宜，为用户提供顶级品质、平民价格的商品，节省出中间环节所占据的 1/3 的价格空间。

（2）C2F 让消费者尊享独一无二的商品，工厂具备生产制造能力，所有商品可以个性定制，满足顾客个性化定制需求。近年来，网购消费者开始从专注于商品价格逐渐向关注品质和服务转变，并形成了追求个性化和专业化的需求趋势。C2M 模式由注重企业渠道建设转为注重提升客户需求和服务能力，由规模化生产转为个性化定制生产。随着个性定制时代的到来，越来越多的消费者会认可个性化定制。

（3）正规正品。工厂具有国际环保认证、技术认证、原材料质量认证，保证所定制的商品是真正意义上环保、品质有保证的商品。

（4）交货周期快，直接向工厂定制，降低工厂资金风险，加快工厂资金周转，提高工厂生产效率，保证交货周期短。

如今，C2M 定制已经延伸到家装领域。一些领先的家装企业在 F2C 模式的基础上，开始尝试新的可能性，利用云设计软件，将设计前置，也就是由客户亲自参与前期设计，提前看到家的未来模样，并根据自己的需求进行风格的选择和调整，大到整体设计，小到材料的品牌和风格，通过系统直接下单给工厂，生产完工后直接配送到用户家中进行安装，形成一个高效定制的家装 C2M 销售模式。

---

① 工业互联网，简言之就是将人、数据和机器连接起来，结合软件和大数据分析，重组工业结构，从而激发生产力，为制造商和客户提供前所未有的解决方案。工业互联网将大大提高传统行业的劳动效率，将为诸多工业领域带来巨大的变革和机遇，它所带来的市场空间不可限量。据工业互联网领域权威机构 GE 估计，工业互联网有望影响 46%（约 32.3 万亿美元）的全球经济。未来 20 年，我国工业互联网发展至少可带来 3 万亿美元的 GDP 增量。2015 年，在全国两会政府工作报告中，李克强总理 8 次提到“互联网”，并且提出了“互联网+”的概念。

二、便利店模式

1. 国内便利店发展现状

2015~2016 年，超市和大卖场的发展速度已经从以前的两位数降到个位数。反观国内外各种各样的便利店，却在以两位数以上的速度不断发展。这既可以从开店数量得到印证，也可以从平均销售额加以证明。从数据上看，两者的发展趋势已经出现了不同的方向。

相比一线城市，二三线城市拥有更低的人力和租金成本，也使得其有可能成为便利店企业利润的重要来源，因此经济的持续增长及消费习惯的培育有望帮助便利店企业实现市场的扩张。总体上来说，虽然国内的便利店行业发展迅猛，但仍然存在很大的不足。据中国连锁经营协会统计，国内多数城市便利店饱和度远低于日本和中国台湾，24 小时便利店普及率更低，店均客单量不高、单店营利能力不足、竞争压力大、品牌忠诚度低等更是行业普遍的痛点。

2. 大卖场面临的挑战

（1）面积很大，SKU（stock keeping unit，库存量单位）数量多，导致房租的成本很高。

（2）产品高频快消，如软饮料、香烟，还有快速消费食品，这些产品被林林总总的便利店截流。

（3）大宗商品被线上平台分流。

在这三重压力冲击下，我国大卖场行业，包括百货业出现了一个发展速度明显下跌的状态。

3. 趋势：发展现代便利店

便利店，按照国际标准是步行不超过 15 分钟即能覆盖的商圈，超过 15 分钟的话就被看作第二圈层、第三圈层。现代便利店的方向并不是和大卖场去拼 SKU 的完备性，而是要有供应链强大的研发能力，如很多餐饮便利店的中央厨房就有强大的研发能力，支持着餐饮便利店的蓬勃发展。现代便利店向这个方向布点时，提升供应链的管理能力、对大数据的分析能力、对消费者需求的应对能力，都非常重要。

（1）构成现代便利店要有以下四个基本要点：①作为现代便利店的终端侧，前端应有强大的供应链；②积累丰富、准确的消费者数据；③卓越的商业研发和商品管理技能及完善的运营管理体系，先进的开发选址技术；④还要有把以上三点串联起来的系统，包括消费者和商品的大数据分析能力。

（2）在社区开便利店还应注意：①选址要非常合理。如果便利店选址没有满足顾客需求，自身规模比大卖场又小很多，则会导致难以生存。②站在消费者的角度去考虑，要把开店成本降下来才可能更加贴近消费者。③以线上配送业务为主，线下业务为辅，这样的一种轻资产、快周转、依靠线上的模式，未来盈利性会更好，也便于大规模快速复制。④对商品销售进行分析。

三、新零售与第四次零售革命

1. 定义

新零售，是指企业以互联网为依托，通过运用大数据、人工智能等先进技术手段，对商品的生产、流通与销售过程进行升级改造，进而重塑业态结构与生态圈，并对线上服务、线下体验及现代物流进行深度融合的零售新模式。新零售=线上+线下+物流，其核心是以消费者为中心的会员、支付、库存、服务等方面数据的全面打通。新零售是广义模式下O2O的全面升级。

尽管移动互联网给零售领域带来了很大挑战，但总体来讲，带来的机遇更多。现在零售业正处于新的升级阶段，而且在全球范围内，我国零售业整体发展呈良好态势，仲量联行发布的《全球零售目的地》研究报告显示，我国成为亚太地区发展最为迅猛的零售业市场，其中北京成为全球增长第三快的零售市场。新零售时代的到来或将为我国零售业的发展带来新的转机。

2. 新零售的“新”

（1）以数据为驱动技术的基础，通过物联网及人工智能等新技术的发展和用户体验的升级，来重新塑造零售的形态，从而形成新零售业态，而新技术带来的最大变化是提升消费者的体验和运营效率，以及改变用户的消费场景。

（2）用大数据加强对消费者信息的掌握，同时在大数据的支撑下，能够更便捷地应用新技术来监控市场的动态以便能够随时优化运营的方案策略，实现更加精细化的运营。

（3）通过对供应链和对整个零售过程的管理和控制，降低成本、提高效率、提升产品品质。

3. 新零售的特征

（1）线上和线下数据的密切结合和分析处理，将线下的会员体系和线上的会员体系的数据全线打通。

（2）渠道之间不仅是销售方式的融合，还是从生产、物流、库存一直到售后方式的全面融合。

（3）打破服务和销售的边界，将线下独有的服务也视为一种商品进行销售，将服务包含在商品销售的所有过程中。

4. 零售的发展趋势

（1）线上线下趋于统一化、专业化。消费者最初选择电商消费的主要原因，不外乎零售店的体验不好且价格昂贵。随着线上线下及物流的融合，未来零售体或将统一价格、质量、体验等方面，打破卖家秀与买家秀的落差，为消费者提供专业的服务和产品。

（2）大型零售体或将面临整合重组。过去，品类丰富的大型综合超市拦截了大部分小超市的生意，如今，它们反过来要被社区型小型零售体影响。随着社区消费趋势铺展开来，社区化将成为零售行业未来发展的重要方向。像沃尔玛、塔吉特[1]等公司，已经开始在国外做小型实体零售门店服务，人口密集处的邻里社区型门店是它们瞄准的方向，相信很快这种精细化运营的门店也会在国内出现。

（3）体验式消费、个性化服务融入消费者生活。随着用户消费需求的差异明显，一些个性化、创新性的消费模式将更受欢迎，如小众品牌的买手店模式。随着消费体验的优化，消费者购买力会提升，企业也会从中受益。

（4）企业生产更智能、更科技化。随着线上线下的结合，需求及生产供给信息相互融合，从生产到消费可以通过大数据等科学技术进行预测，以控制产能，全面消灭企业库存，提高效益。

未来新零售将加强体验服务，不断强化品牌类产品，和大数据相关联，从而最大限度地满足消费者需求。

四、崛起的实体店

1. 背景

电商已经突飞猛进地发展了很多年，现在的电商成本也日趋增高。商业本质正在从“买卖关系”过渡到“服务关系”，这给实体店的复苏带来了机会。

电商的优势正在消失，现在开一家网店的成本和实体店房租有得一拼。例如，对于淘宝来说，每吸引一位顾客的成本大概在 80 元，但是很多商品的售价都不到 80 元。实体店生意不断萧条，这导致实体店的房租不断降低。网店成本的攀升和实体店成本的下降，最终会趋于平衡，网店的优势将被大大削弱。

商业核心优势正在从价格变成服务，但是比拼起服务，电商也不是实体店的对手，实体店可以用服务扳回一局。日本也曾有过实体店衰退期，但经过几年的调整后，实体店重新崛起，我国的情况和日本有些相似。

现在众多实体店之所以还在徘徊，是因为它们还一直在拼价格、拼门面优势。未来那些同质化的产品将越来越没有竞争力，唯有那些能为用户提供独有体验的实体店能脱颖而出。在这个大趋势下，很多电商也被倒逼着从线上走到线下，开设实体店为消费者提供一个体验场所，以弥补自己的短板。

这就是消费升级的本质：零售业已从一个交易的时代，进入一个关系的时代，商家可以在实体店上做文章，从而营造出一种较好的消费场景，但是电商仅是通过电脑或智能手机进行交易，很难向消费者提供独特体验，因此，它们必须寻求突破。

---

① 2000 年 1 月，戴顿赫德森公司（1962 年成立）更名为塔吉特公司。塔吉特公司位于明尼苏达州明尼阿波利斯美市，在美国 47 州设有 1 330 家商店，为客户提供当今时尚前沿的零售服务，物美价廉。不管是在 Target 商店还是在线 Target.com，客户都能从数千件风格独特的商品中做出选择，享受到乐趣横生、简单方便的购物体验。公司每周都要通过捐赠或其他一些活动把 200 万美元回馈给当地社区。自 1962 年开设第一家商店以来，公司已与许多非营利性组织、客户和组织成员合作来帮助满足各地社区的需要。

2. 实体店崛起的表现

1）政府推动创业，支撑实体店崛起

近年来，一系列关于支持“双创”的政策陆续出台，大大激发了民间的创业热潮。据统计，2015 年我国平均每天新登记注册的企业达到 11 600 户，平均每分钟诞生 8 家公司，这也许是人类历史上最大的创业潮了。其中很大一部分创业者选择了经营实体店。2016 年创业潮热度不减，而 2017 年创业潮继续保持热度，这是大势所趋。

很多零售高管及经理人在这轮创业潮下选择开店创业，甚至刚毕业走上社会的年轻人也通过众筹投资开咖啡馆。商业地产创业潮正默默改变竞争及游戏规则，颠覆中更见商机。

2）实体店崛起，标签变化

工匠精神、场景化、快时尚、情怀、细节、服务成为实体店崛起的标签。移动互联的时代，消费者的消费喜好及追求，都实打实地体现在点击率上。2018 年实体店最热门的转型方向，就是工匠精神，或趣味或情怀式的场景体验，满足大众需求的快时尚。这些元素被越来越多地运用到实体店开发体系中，如今已成逆袭标签。实体店的体验优势被极大地发掘出来。

3）线上线下洗牌已接近尾声

强调全球视野的大背景下，值得我们学习的标杆太多，已逆袭的案例也太多。日本也曾有过实体店衰退期，但经过几年的调整，其实体店网点布局合理，价格透明，服务到位，并重新稳定崛起，消费者对电商的需求自然不强。但国内电商能基本满足客户的需求，线下实体店的优势并不明显。我国的实体店洗牌正接近尾声，关店的高潮期已过，我国百货业已逆袭崛起，红遍我国的百盛优客城市广场①就是证明。

4）线下商铺的展示价值被本土商家看重

实体店的展示体验价值越来越被看重，已成为品牌突破发展瓶颈的有力武器。有商家直接开出体验店，为了培养品牌消费习惯及情感沟通能力，甚至有商家直接租下店面打造体验式的线下试衣体验店。天猫亿元大户、三只松鼠、当当，都要开实体店，核心就是让消费者体验更多的新产品，以促进线上销售。当当书店的长沙首店 1 200 平方米，当当书店计划 3 年开店 1 000 家。甚至，三只松鼠的总裁表示，未来三只松鼠的实体店将达到 1 000 多家，并坦言实体店比网上店铺更赚钱。对电商来说，线上客户增长很可能已达瓶颈，再不拼实体店市场，就真的要落后了。

---

① 百盛优客城市广场是百盛商业集团与韩国衣恋集团联手打造的首个 City Mall（城市广场），地处上海天山商业带，汇集国际大牌折扣店、前沿时尚品牌店、创意个性潮物店及知名餐饮连锁店，并配备丰富多彩的生活元素，为都市主流人群打造了一个“价实质优，玩购一体”的综合型品牌生活俱乐部。客户和组织成员进行合作来帮助满足各地社区的需要。百盛优客城市广场推崇“优客生活”：拥有不凡品位，讲究生活品质，褪去浮华表象，回归生活本身。在消费习惯上，青睐奢而不侈、价实质优的精致商品，追求品质生活。百盛优客城市广场引领“优价，优品，优趣，要去！”的购物新风尚，满足消费者对更优质生活的不懈追求。百盛优客城市广场深谙“优客”生活形态和消费心态，为其提供优质可信的中外名品、触手可及的心动价格和悠然可心的购物体验。

5）好品牌正集团化崛起

如今在我国，内资餐饮集团已成为实体店崛起新势力。例如，小南国的 6 家副牌，外婆家的 11 家副牌，推出的各具特色的餐饮副牌已打开市场，逐步赢得未来。零售领域的诸多快时尚品牌，如 Inditex（ZARA 母公司）的 9 个副牌，针对细分市场的副牌已打开局面，跨界合作集攒了更多人气，通过主品牌的渠道及影响力同样能获得更好的发展契机。

6）外卖模式让实体店大大增收

移动互联外卖模式正帮商家史无前例地创收，使原本的店铺辐射范围进一步扩大，业务量大增，单店甚至呈几倍增长。无论是路边小店，还是商场大牌，都站在同一起跑线上，点击量就是口碑值。如今甚至有的商家 70%的利润来自移动外卖订单，如黄太吉。骑电车的外卖哥也遍布各大城市，做得好的能有上万元月收入，可想而知，商家利润的增长也不会小。

7）“90 后”“00 后”消费大时代开启

舒适的家庭环境让年轻一代金钱概念偏弱，偏好超前消费，新兴事物接受能力强，更加适应移动互联消费模式。如今的“90 后”“00 后”，消费的喜好及习惯已大大不同，这正是当下实体店逆袭崛起的最好时机。

衣：追求品牌个性，高度互联网化。

食：注重特色和体验，偏向快时尚消费。

行：外观与质量并重，具有品牌意识。

游：向往自由，消费能力有限但热爱旅游。

娱：超强娱乐能力，乐于接受新型娱乐方式。

8）大批量关店背后，是本土新品牌的强势崛起

众所周知，某几个老品牌在一年里关了超过 10 000 家店，在关店的背后，是更多新兴品牌的强势崛起。零售这块，本土快时尚热风、UR、MJstyle 在大举逆袭。本土的设计师品牌及新兴潮牌，同样吸引眼球，不断抢占更多市场份额。

餐饮方面，这几年是本土快时尚餐厅及明星店崛起之年，外婆家、小南国、苏浙汇、盘古餐饮、57 度湘、海底捞等未来有机会成为全球餐饮集团。

除本土餐厅外，本土体验式书店都在进行深跨界情怀式大逆袭，诚品、方所、西西弗、猫的天空之城、初见书房、新华书店、单向街、字里行间等深受人们欢迎。

9）全球人气电商在转型开实体店

2015 年 11 月，亚马逊在西雅图开了首家实体店，位于购物中心 University Village，占地 511 平方米，摆放 5 000~6 000 本图书，这是未来人气电商的大势所趋。已于 2017 年初向公众开放的亚马逊新零售店铺，更是惊呆网友：一家无须排队结账的实体店。整个购物过程再简单不过——进店，选品，拿货，然后离开。而所需要的，只有这三样东西：一个亚马逊账号、一部智能手机和一款 Amazon Go 应用。如今，欧美几大靠电商崛起的人气电商都在转型开实体店。例如，美国的 Nasty Gal、ModCloth、Warby Parker 和 Bonobos 都在线上完成口碑积累后，开始在线下采取实体体验店发展大战略，英伦诸多高街品牌电商同样如此。

10）同款同价的全新 O2O 商业模式兴起

实体经济不是被电商打败的，而是败给了自己。传统的一线品牌，线上销售越好，线下关店越快。价格优势就是关键因素，因此，只要做不到线上线下同价，实体商家就会被自己打败。如今线上线下同款同价的成功案例越来越多。例如，优衣库，如果说 2014 年优衣库在天猫的火爆促使许多快时尚店进驻天猫，那 2015 年优衣库的线上线下同款同价的 O2O 模式就是促使实体零售商业模式转型的重要推手。

11）更多国际品牌进入中国的各大商场

从 2002 年，国际快时尚品牌进驻我国，逐步改变了国人的消费价值观，开始积累口碑，2007~2008 年一大波品牌来袭，逐步颠覆行业主流。真正大爆发是在 2011~2013 年，各大品牌快速下沉二三线城市，大量开店占领市场。近几年进入的高竞争力的快时尚品牌，如 A&F、SPAO、Forever21、TOPSHOP、Old Navy 也开始抢占我国市场。全球口碑极好的 bebe、&Other Stories、Urban Outfitters、Victoria’s Secrect Pink、Miss Selfridge 也正打算进入我国市场。

12）实体店正改变，在激烈竞争下不进则退

星巴克曾经一度被 COSTA 和一众主题咖啡馆超越，但其迅速改变策略，全面变革设计，推出更具情怀式、更具体验式的主题店模式，又重新获得认可。

名创优品的成功不仅仅是源于模仿和低价，其移动互联网营销、陈列商品选择设计、加盟模式、格局魄力才是核心竞争力。到 2017 年，名创优品已有 1 100 家门店，一年的营业收入达 50 亿元。

如今的永辉精品超市 Bravo TH，陈列精美，在严格物流管控下具有价格优势，其外场的食代广场中的众餐饮商家早已超越许多老牌卖场中的餐饮商家。

五、电商与快递

1. 快递对电商的作用

快递与电商有着千丝万缕的关系，快递的主要工作就是送货，也就是我们所熟悉的物流行业。现在的快递公司越来越多，如顺丰、申通、韵达等，其中还有很多小型快递公司。一般大型快递公司会把业务分割给小型快递公司，虽然这样可以缓解大型快递公司的压力，但是许多小型快递公司的服务质量很差。不过似乎没有更好的办法，随着电商的蓬勃发展，快递量在逐渐增加，尤其是在“双十一”等期间。快递公司的仓库货物堆积严重，快递员只能加班加点地处理堆积的货物，即便是这样，国内的快递还是不能满足电商的需求。

（1）物流是电子商务不可或缺的部分。电子商务可以用下面的等式来表示：电子商务=网上信息传递+网上交易+网上支付+物流配送。一个完整的商务活动，必然要涉及信息流、商流、资金流和物流等四个流动过程。从一定意义上说，物流是电子商务的重要组成部分，是信息流和资金流的基础和载体。

（2）物流是电子商务优势正常发挥的基础。在电子商务下，商品生产和交换的全过

程，都需要物流活动的支持，没有现代化的物流运作模式的支持，没有一个高效的、合理的、畅通的物流系统，电子商务所具有的优势就难以发挥。

电子商务的不断发展，对物流的需求越来越大，而作为实体流动载体的物流发展相对滞后，在某种程度上，物流已经成为电子商务发展的瓶颈，物流业的发展壮大是电子商务发展的重要支撑。

2. 电商对快递的影响

没有电商，就没有如今庞大的快递业。在国内还没有电商之前，快递服务就一直存在，我们最熟悉的恐怕就是中国邮政了。中国邮政的覆盖面积非常广，基本上每个乡镇上都有中国邮政，但现在业务量大的快递公司，如顺丰、中通等，都是服务于电商网站的快递公司。可以想象一下，如果没有电商的发展，快递行业就不会迅速崛起。不过快递公司基本上与电商平台无直接关联，更不属于电商平台，当然京东除外，因为京东有自己的物流机构。

3. 快递与电商间的矛盾

若说网购中的纠纷以快递为主，估计许多消费者都有同感，有时候快递员送的物品有损坏，虽然电商网站提示消费者先验货再签单，但事实上绝大多数快递员都要求消费者先签字。这样一旦货物出现什么问题，再去寻找责任人就很难办，消费者容易和快递公司出现纠纷。快递公司最终只能象征性地对消费者进行赔偿，如果是贵重物品，那么消费者的损失就会更大。虽然快递行业必须加以规范，但有些问题还是无法彻底解决。电商没有权利去干涉快递公司，因为快递公司不属于电商平台。

4. 快递和电商一定是唇齿相依的关系

物流是电商销售的最后一个环节，也是非常重要的环节，快递公司不仅仅是送货，还属于电商平台的售后环节，快递员的服务态度也会影响电商平台，两者是唇齿相依的关系。如果电商平台可以制约快递公司，那就可以更有效地规范物流行业了。除非是物流公司隶属于电商平台，否则各种措施就很难被执行，然而构建自己的物流体系又是很大一笔资金投入。实践中有自建物流体系（如京东、邮政等）和他营物流体系（如淘宝等）两种形式。

六、网购新趋势

网购，顾名思义就是在网上购买自己需要的东西，其作为交易的一种形式，是人们在浏览网页的同时进行购买的一种行为，并且能通过各种支付手段进行付款完成交易。

1. 网购的产生

网店是从最初单一的网上展示产品演变而来的，其不仅仅可以展示产品，还可以让浏览者产生实际购买行为。随着越来越多的人参与网络购物，网络销售市场得到发展，在网上开店的人越来越多，网络购物平台也越来越成熟，这给广大网民带来了不少方便与乐趣。如今人们生活节奏加快，一天下来最多的是对着电脑或手机，有些人一周只能休息一天，休息的时间很宝贵，故基本没有什么时间去逛街购物，越来越多的人依赖于电脑或手机，各大品牌商也都推出网购，不可否认，网购已经慢慢地融入了网民的生活中。在各大购物网站上，消费者可以随心所欲地选择自己喜欢的商品，可以货比 3 家、30 家甚至上千家，消费者的选择更多了，而这些都是实体购物无法实现的。

2. 网购的发展趋势

1）电商企业与第三方物流企业在矛盾与协调中发展

对于电商企业而言，物流配送环节是制约其发展的一个瓶颈。电商企业要想控制整个渠道，物流配送是必不可少的一个环节。电商企业通过自建物流，可以对从下单到售后服务的全过程进行监督、控制，并在第一时间获得消费者的反馈信息。在达到一定规模后，物流配送成本也可以较大幅度降低并实现可控。因此，电商企业发展自营物流是一个趋势，如京东、凡客、红孩子等，都已建立自己的物流配送体系。但是，这不可避免要受到第三方物流企业的抵制，二者将在仓储和配送领域不断协调并寻找双赢的方法。

对于第三方物流企业，一方面由于电商企业的价格压力，另一方面由于网络购物市场的前景一片向好，生存的本能和利润的驱使使其不可避免地要向电子商务领域进军。例如，申通的久久票务网、中国邮政与 TOM 集团合资建设的 B2C 购物平台邮乐网等，都是物流企业尝试进入网络购物领域的实践证明。但是，这与主要的大型购物网站之间还存在着很大的距离，电商企业也会制定相应的竞争战略以抑制其发展。二者经过博弈与协调，通过供应链体系的整合，或者上下游企业间的整合，最终会实现物流服务质量的大幅提高、物流费用的降低及利润的合理分配。

2）交易额与交易笔数成为主要竞争标准

购物网站想要做大做强，需要大量的忠诚顾客。淘宝网率先完成了这一阶段的过渡，如由淘宝网中分离出天猫商城，探索新的盈利模式。我国的网络购物市场需要融资，强大的资本支持是帮助购物网站走向成功的重要因素。目前，各大新闻媒体的报道都集中于两个指标：交易金额和交易笔数，而没有考虑盈利水平。因而，这两个指标已经逐渐成为公众评价购物网站规模和发展前途的主要标准，也必将成为各购物网站之间评价竞争结果的主要标准。

3）网络购物社交化

随着互联网的发展和分享理念的广泛传播，越来越多的消费者喜欢将自己的购物体验在网络上进行分享，消费者的网络购物活动也越来越多地受到其他消费者的分享体验的影响，网络购物正向社交化的趋势发展。和国外的 Wanelo、Polyvore 等社交购物网站相类似，蘑菇街、美丽说等国内的社交购物网站在这一趋势下迅猛发展。大型购物网站也开始建立自己的博客、社区、论坛等，以活跃新老顾客进行社交化购物体验分享，如淘宝淘江湖、草莓派、麦包包口碑中心等。

4）物流差异化分工体系开始形成

随着市场竞争压力的加大和网络购物中客户对物流服务要求的提高，物流企业必将向着专业化、差异化的方向发展。从大的发展方向来看，物流企业将细分为依托网络购物市场的物流服务企业，如“四通一达”、宅急送等，以及不依托网络购物的物流企业，如顺丰、中铁快运等。依托网络购物的物流企业还可能会提供金融服务，如代收货款的第三方物流企业和专注于物流配送领域的第三方物流企业。在第三层分工体系上，专注于物流配送领域的第三方物流企业还有可能会针对不同性别、年龄、文化等的客户进一步细分以提高物流服务质量。

5）移动设备网络购物迅速发展

近几年，智能手机、平板电脑等高科技产品不断涌现并快速更新换代，移动支付的便捷化，客观上为消费者使用移动设备进行网络购物提供了可能。现代生活的节奏较快，在闲暇时用移动设备浏览自己喜欢的商品并进行购买已经成为很多消费者的习惯。中商产业研究院《2017 年中国互联网市场研究报告》数据显示，2016 年我国移动互联网市场规模为 52 817.1 亿元，增长率为 71.5%，2017 年我国移动互联网市场规模已突破 6 万亿元，达到 68 926.3 亿元。

6）团购繁荣与低价策略继续保持主流地位

根据中国互联网络信息中心公布的统计数据，有 24.8% 的用户认为价格便宜是最主要的网购动机。在互联网信息越来越透明的今天，尤其是能够提供各主要购物网站产品价格比较信息的比价网站的出现，使得消费者对价格越来越敏感。近几年国外的研究表明，价格因素已经成为影响消费者选择某一购物网站的最主要因素。国外的网络购物活动相比国内发展得早，可以为国内的网络购物发展提供借鉴。因此，以低价策略为特征的团购活动在近几年应运而生且发展迅速，预计在未来的一段时间内，还会有较大的发展空间。

3. 总结

未来电商的业态必然会朝着场景化、智能化和去中心化的方向发展，这是因为商业本质上是人类重新配置资源的市场手段，是为人的需求服务的，而人的需求是个性化的。在大工业时代，由于资源配置效率的问题，很长时间内商业忽视了个性化需求转而先行满足整体需求，随着科技的进步、社会的发展及生产力的提高，尤其是信息技术带来的资源配置效率的大幅提升，商业也必然回归本质，开始关注人的个性化需求，憧憬中的“按需设计+定量生产+零周转+零库存+零资金”的运营模式正在探索中逐步变为现实。不久的将来，网络、设备、平台、支付、物流、数据、云计算等基础服务将日益完善且愈加开放，创业者可以利用发达的网络基础设施完成整套电商服务系统的建设，同时时间和资源成本都会降到极低，商业巨头通过提供平台和基础设施服务体现自身价值，端到端是去中心化、智能化和垂直的。互联网与商业活动的结合更加紧密。在消费领域，用户不再关注商品是否丰富、价格是否便宜，正品行货和高性价比已经成为行业标配；由于分布式库存及智慧物流，基本可以做到下单后当日必达，用户不会再追求更快的配送速度，用户对物流的敏感度开始逐渐趋于平缓；用户不再围绕某一个购物平台形成只有一个中心的购物网络，而是围绕内容或主题形成个性化的购物个体或购物社区。在产业领域，互联网技术与产业融合的优势进一步凸显，新技术的应用将成为“产业+互联网”的主要驱动力，包括通过信息技术建立更加细化的商业分析模型，提升产业链效率，实现产业供应链从工业模式向互联网模式的转变，如凯文·凯利在《失控》中所述：“最深刻的技术是那些看不见的技术，它们将自己编织进日常生活的细枝末节之中，直到成为生活的一部分。”在可以预见的将来，依托于互联网技术的电子商务也会像那些已融入我们生活的技术变革一般，变得悄然无声却又无处不在。

第二节 电商物流的演变趋势

一、电商与快递跨界经营

电商与快递同属网络购物的两个关键环节，分别位于供应链销售端的上下游，使得跨界经营具备了一定的基础，但两者是两个不同的行业，跨界经营也面临诸多困难。

1. 电商跨界快递的竞争力分析

电商跨界快递主要基于摒除快递的短板效应，增强自身竞争力。我们通过电商自营快递与使用第三方快递模式的比较来分析这一问题，如表 6.1 所示。电商自营快递模式的优点在于服务质量较易控制，尤其是客户的定制化服务、增值服务较易推广，如京东的货到付款服务，降低了客户购物风险，为客户带来较大的便利；电商跨界快递可以实现网购与快递的一体化对接，实现两者合力发展的微观协同效应，提升电商的总体竞争力，打造战略竞争基础。此模式的缺点在于，采用直营模式需要大量的资金投入，这进一步制约了快递服务范围；自营快递主要服务于自家电商平台，一定程度上缺乏规模经济，经营成本总体较高，且专业化程度要弱于第三方快递模式。而在采用第三方快递模式的情况下，经营成本相对较低、服务范围很广，尤其能够进一步支撑“海外淘”“乡村淘”等新业务的扩展，对于支撑电商的爆炸式增长是非常关键的。然而，第三方快递模式最大的缺点在于协同效应较弱，易产生受制于人的局面。正因如此，电商跨界快递看重的不是快递的“微薄”利润，而是短板效应的消除及核心竞争力的塑造。

表 6.1 电商自营快递与使用第三方快递模式的比较

项目	自营模式	第三方模式
经营成本	前期投入大，成本无优势	成本相对较低
服务质量	较易控制，可以提供定制化服务	较难控制，定制化服务推广较难
服务范围	服务范围相对较小	服务范围很广，客户群体广
规模经济	不明显	明显
专业化程度	较弱	较强
协同效应	协同效应明显，有助提升总体竞争力	协同效应较弱，易产生受制于人的局面

2. 快递跨界电商的竞争力分析

快递跨界电商的初衷在于摆脱电商的“利润侵蚀”，开辟新的“利润源”。在电商不满快递服务的短板效应，纷纷跨界快递的同时，快递跨界电商的步伐也加快了。较之电商，快递的实体性更强，与此同时，建实体网络与建网站相比、送快递与网上售卖相比，前者的难度要大于后者，然而电商的核心不是建好网站，不是与供应商签订供应合约便万事大吉了，最关键的问题是吸引顾客浏览并下单，考验的是电商的营销能力。快递跨界电商是进入一个完全不同的市场，面临的风险很大，包括市场定位和需求的把握、较高的准入成本、用户习惯改变等，甚至有的专家认为快递跨界电商是在“走弯路”。我国网购市场的绝大部分份额由淘宝和京东两大巨头把持，就 C2C 市场来说，超过 95%的市场份额由淘宝把持，就 B2C 市场来说，阿里系天猫网、京东商城把持 80%的市场份额，苏宁易购、唯品会、国美在线、1 号店、当当、亚马逊中国、易迅网、聚美优品等中型电商把握 13.6%的市场份额，剩余 6.4%的份额被众多小微电商瓜分。我国网购市场属于高集中度市场，规模效应明显，快递跨界电商要在如此集中的市场上分一杯羹并不容易，在此情况下，只能避开与电商巨头的直接竞争，进军细分市场，如顺丰优选专注于高端食品电商，然而过度的市场细分在一定程度上又会进一步削弱电商所要求的规模效应。

电商与快递同处供应链的销售环节，表面看来，两者跨界融合属于同一链条的延伸，但两者的性质大相径庭，跨界经营绝非易事。更有专家指出，从社会角度而言，快递跨界电商开辟新的利润源尚有可取之处，但困难重重；而电商跨界快递，在当前现实下，则不具有规模效应，会造成社会资源的浪费。无论如何，跨界经营已成为双方的战略重点和现实思路。

3. 电商与快递跨界经营的趋势展望

1）电商与快递跨界经营还将持续进行

我国网购业务总体还处于飞速发展期，市场潜力巨大，尤其是三线至六线城市及农村市场是未来几年电商发展的核心，海淘业务也是急需开拓的另一个巨大市场，总体来看，电商与快递的发展面临良好的机遇。就电商而言，在网购业务保持较快增长的情况下，跨界快递不仅能够摆脱快递的短板效应，增强核心竞争力，还能开辟新的业务方向，从而在一定程度上弥补未来网购业务增速回落带来的电商规模扩张约束，如京东正全力扩容物流体系，构筑新的电商物流生态，全面下沉市场，积极促进京东快递由内部物流向社会物流的转变。就快递而言，在网购业务依然处于较高速度的发展期，在市场下沉和海淘业务兴起的新机遇期，倘若不趁机跨界电商，转眼便将失去跨界电商的良好机遇，从而无法摆脱被电商“扼住利润咽喉”的命运。

2）电商与快递行业内外洗牌势不可挡

我国电商与快递均是高集中度市场，随着网购的兴起，我国电商和快递行业经历了“野蛮生长”阶段，在其过程中部分企业通过激烈竞争占据了行业的前列，更多的企业则依然在岌岌可危的道路上缓慢前行。就电商而言，网购市场 80%的市场份额被淘宝和京东把持，此外苏宁易购、唯品会、国美在线、1 号店、当当、亚马逊中国、易迅网、聚美优品等把持少量份额，剩余很少的市场份额被大量小微电商分享。电商具有明显的规模效应，理论上完全可以实现一两家电商控制整个网购市场的情况，在未来网购业务增速趋缓的情况下，小微电商将逐渐停下扩张的步伐，同时因其不具规模经济，运营成本和产品销售价格较之于大电商完全处于劣势，同时又缺乏核心竞争力，最终难以逃脱倒闭或被并购的命运。就快递企业而言，虽然快递市场集中度呈现逐年下降趋势，但我国快递市场依然是高集中度市场。我国拥有 8 000 余家快递企业，主要品牌只有 20 余家，而前 10 名品牌又占有大量市场份额。快递市场竞争还处于价格战阶段，过度竞争导致利润微薄，大量中小快递企业，即使排名前 10 的快递企业也存在不赚钱的现象。在我国快递市场全面放开的背景下，大量国外知名快递企业涌入我国，势必进一步加剧快递市场的竞争程度，改变竞争格局。在快递资源整合背景下，大量中小型快递也难逃被洗牌的命运。

3）电商与快递由跨界到融合是必然趋势

随着信息技术的发展、智能设备的普及及快递业战略合作的深入，快递服务电商的能力不断增强。备受诟病的快递“最后一公里”问题也出现了多种解决方案，且 O2O 与“最后一公里”的融合趋势日益明显，物流智能柜、生活便利店合作、快递驿站、落地配等的形式大大提升了快递服务电商的能力及适应电商 O2O 发展的趋势。在此情况下，中小电商跨界陌生的快递行业，只会带来经营成本的增加，它们应更关注利用快递的良好服务能力，协同塑造顾客忠诚度，保持并扩充市场份额。当然对于大型经营型电商来说，跨界快递作为塑造核心竞争力的重要环节，通过自营方式实现电商与快递协同发展、融合发展是企业的基本战略，如京东将物流作为塑造核心竞争力的重要战略；对于大型平台型电商，如阿里，通过数据服务和节点建设来整合快递资源，通过参股控股与快递企业合力整合快递资源，形成同盟关系，更利于电商与快递的协同发展。在快递跨界电商问题上，不跨界面临利润微薄、遭受电商利润压榨的现实境况，而跨界又面临回报周期长、未来行业洗牌等诸多不确定性风险，跨界电商的自有业务也难以完全支撑自身快递的发展，跨界前景并不乐观，因此，快递企业也大可不必扎堆跨界。电商与快递均是高集中度市场，总体可以划分为几个梯队，电商以淘宝和京东为主，快递以 EMS、顺丰及“四通一达”为领头，第一梯队成员均参与跨界布局，主要展现了电商与快递竞合关系中“竞”的特点，而阿里的快递资源整合策略又于跨界中展现出“合”的特点，跨界经营对于某个特殊企业来说可能是正确战略，但对于行业发展却非如此。在快递试水电商的混战中，在面临电商与快递行业内外洗牌中，业绩不佳的中小微型经营企业被位列行业前端的企业吞并整合，电商企业与快递企业参股合营、利润共享，通过利益捆绑打造密切的合作伙伴关系，从跨界走向融合是必然趋势。

二、快递企业布局物流地产

近年来，各大快递企业不约而同地做了同一件事，那就是“跑马圈地”，大力布局物流地产。快递企业在物流地产方面的布局可以归结为三个方面：一是建设电商产业园，深化与电商的合作；二是建设分拨中心，加强基础设施建设；三是打造航空物流枢纽，提升航空运力。

1. 布局物流地产的原因

1）从整个市场角度看：供给远落后于需求

有数据显示，美国人均拥有的商业面积只有 2 平方米，但人均拥有的仓储面积超过 5 平方米。而我国现在的人均仓储面积只有 0.4 平方米，不及美国的 1/10。万科企业股份有限公司（以下简称万科）高级副总裁谭华杰曾在万科 2015 年度业绩发布会上表示，我国的电商渗透率已经超过了美国，但物流地产和仓储地产的建设还远远没有跟上，存在巨大的增长空间。电商发展势如破竹，背后却难掩电商物流仓储严重不足的窘境，物流地产也就成为快递企业战略布局的重要一环。仲量联行的报告指出，至 2020 年，我国电商市场的规模将达 1 万亿美元。市场日益向 B2C 模式发展，将产生对物流配送中心的巨大需求。

2）从物流地产角度看：发展潜力巨大

2015 年，万科正式成立物流地产发展公司，并将其作为一个独立的品牌来运作。在我国所有不动产分类中，物流地产是最大的蓝海市场，也是目前我国所有不动产类型中租金收益率最高的，这方面存在巨大的机会。

除万科外，已在物流地产中进行布局的大型企业还有菜鸟网络。菜鸟网络背靠阿里，走的是“快递+货栈”的网络化布局路线，做的虽然不是传统的物流地产，但其物流土地储备对未来市场格局将起到举足轻重的作用。

马云曾表示计划要在 5~8 年内，建造一个能在 24 小时内将货物运抵国内任何地区、能支撑日均 300 亿元网络零售额的超级物流网。而这个超级物流网的实现，离不开仓储物流中心的建设。

菜鸟网络提出天网、地网、人网三网同时发力。其中的地网就是在全国各个中心区域建设仓储中心，搭建联通全国的高标准仓储体系，为商家提供与仓储相关的服务。过去的几年，菜鸟网络在各地的仓储中心推进速度非常快，在全国设立了 8 个大型仓储物流基地。转型升级是快递企业共同面对的问题，对企业的仓储等硬件提出了更高要求。

3）快递企业用地需求的来源

（1）快递业务量的快速增长，新建、扩建分拨中心是快递企业的必然选择。

（2）仓配一体化趋势，对快递企业的仓储能力提出更高要求。建设仓储基地，可以优化自身的物流链条，增加用户黏性。

（3）快递企业用地对航空布局有一定的需要。根据《邮政业发展“十三五”规划》，要注重快递转型升级，构建形成普惠城乡、联通国际的快递服务网络。要联通快递服务网络，要更快更强，发力航空方面成为快递企业的必然选择。

（4）从成本角度考虑，如果没有自己的物流分拨中心、仓库等，房租成本是不可控的。

2. 物流地产现状

据业内人士分析，快递企业涉足物流地产，虽然目前对于其他竞争者还没有出现大的威胁，但随着规模的扩大和传统物流仓储的进一步被淘汰，这种威胁就会逐渐显现。因此，快递企业出于长远考虑，应该做好涉足物流地产的准备。

另外，一线城市短期内已经出现土地价格增长速度高于租金增长速度的现象，新的物流地产投资机会基本都聚集在全国的二三线城市。物流地产目前的需求集中在珠江三角洲、长江三角洲、环渤海和内陆大型城市，同时中西部地区增速迅猛，未来部分二三线城市还有较大的发展空间。

三、从仓配一体化到云仓

1. 背景

1996 年我国互联网用户为 10 万人，1999 年互联网用户为 400 万人，是 1996 年的 40 倍，2000 年达到 2 225 万人，是 1996 年的 200 多倍。到 2016 年，我国网上零售额突破 5 万亿元，占社会消费品零售总额的 14.9%，网购用户渗透率达到 64.0%。国内的电子商务发展初期是 2000 年，在这前后，很多电子商务公司出现，如当当网、卓越网、8688、易趣、阿里巴巴等。

国内电商巨头诞生后，电商迅速发展，网购逐渐成为年轻时尚的代名词。伴随着电商发展，民营快递“四通一达”迅速发展，此时电商快递成为大街小巷的一道风景。电商物流逐渐有所突破，并呈现出不同的发展路径。京东从一开始就自建仓库和配送队伍，走仓配一体化发展路线。淘宝作为交易平台，联合商家和快递公司为顾客服务，淘宝自身无库房，淘宝商家通过自营库房和第三方快递公司发货。亚马逊自建库房，在部分地区自营配送，大部分配送实行外包，仓配分离。

此时，出现了一大批落地配公司，它们作为区域性配送公司，为电商服务于当地的配送，配送性价比非常高。落地配公司是介于运输公司和快递公司之间的产物，其本身并没有运输能力，需要运输干线将包裹统一运输到网点，然后再分拨派送。和快递公司不同的是，其主要是单向配送给顾客，并不揽收包裹。落地配这种因地制宜的模式，在电商发展初期给了电商很大的支持，对于完善电商配送网络起到了关键作用。时至今日，很多落地配公司都被电商或者快递公司收购，成为其区域节点。

京东在走自营物流路线后，其仓配一体化、亚洲一号仓库项目在全国落地开花，通过收购落地配企业，配送网络持续完善。京东不仅自营商品销售，还开放平台引进其他零售商，自营的物流平台也开放给商家，充分发挥自有物流平台的优势，为商家提供仓配一体化服务。“四通一达”的一多半业务都来自电商平台，淘宝和天猫的发展，让“四通一达”赚得盆满钵满。随着规模和实力的壮大，“四通一达”开始全国性布局，在国内提出了仓配一体化概念，以更好地为电商企业服务。由于受其自身特点的束缚，“四通一达”还未有效推进仓配一体化业务，反倒是 2013 年成立的菜鸟网络后来者居上，在全国布局电商仓库，并在整合快递公司网络基础上，提出了云仓概念，为电商提供一体化服务。

2. 云仓简介

云仓引用了云数据概念，是仓配一体化的升级。仓配一体化要求商家的产品从工厂直接运到第三方物流仓库，由第三方负责进行仓储管理，并根据电商订单选择合适的快递进行配送。第三方提供的仓配一体化服务有单仓接入和多仓接入，这要由第三方的仓库数量来决定。对于多仓接入模式，电商的产品可以就近选择仓库办理入库。根据商品销售情况，全国各个仓库内部进行商品调拨，然后选择本地快递进行配送，这样大幅度降低了配送成本，提高了客户满意度。由于仓配一体化的规模优势，仓库管理成本、调拨运输成本和快递成本均能做到最优，具有很强的竞争优势。

在多仓接入的基础上，电商平台通过大数据、云计算等信息技术实现商品智能入库、智能化分单、优选派送、物流数据分析等，这就是云仓，它进一步延伸了仓配一体化。云仓不仅考虑仓储本身，其出发点在于仓配结合，从后端作业环节来考虑前端的仓储布局，通过产品数据、销售数据和配送数据等，不断循环优化，提高运营水平。其主要特点是：以顾客为导向，加快配送和退换货时效，最大化顾客满意度；量出为入，加快快递响应速度，减少快递时间；以成本为导向，分仓布局，降低电商快递费用；以成本为导向，提高配送车辆效率，降低快递运营成本。目前国内云仓运作较好的有顺丰、菜鸟、百世物流和京东等。

3. 发展趋势

（1）物联网将彻底颠覆传统电商物流的运作模式。所有的物品都可以被感知并被数据化，海量数据将提升物流运作效率，并产生无数新的商业模式。

（2）人工智能将取代大量低端重复工作岗位，机器人、无人驾驶、无人飞机等新技术将普遍应用。顺丰已经先行一步在赣南地区进行无人机快递测试。

（3）电商和物流企业进入兼并重组高峰。大量物流企业上市，借助资本市场进行兼并重组运作，行业进一步集中，将出现世界级的物流企业。

（4）物流企业越来越重视技术发展，包括软件、硬件两方面，软件侧重于数据获取和运算能力，硬件侧重于空间和效率提升。

四、上市加快资本化

多家快递公司都在谋求登陆资本市场的主要原因是快递公司希望通过上市来筹集资金，进一步扩大企业规模，抢占市场份额。上市对快递公司而言，意味着可以大规模融资，为企业发展注入新血液，能够强有力地对抗其他快递公司的竞争，从而扩大企业自身影响力，在快递行业占据有利的竞争地位。对于目前的物流企业来说，转向资本市场并借助资本市场获取进一步的发展动力，更是内在所需。物流快递业发展到现阶段，格局相较初期已经发生了变化。从价格竞争到联合提价，再到时效竞速，一定程度上显示快递行业竞争已经从原来野蛮扩展的量变，转向提升附加值的质变，融资渠道从原本的战略投资转向资本市场也是大势所趋。民营物流快递公司谋求上市，既是为了追求更远大的发展目标，也是为了在处于风口之时拿到融资的高估值，并在物流快递业整体增幅逐渐下滑的大趋势中尽早做好抵御寒风的准备。物流包括快递业经过多年的高速发展，已经呈现增速下降的迹象，整体增幅下滑带来的结果必然是行业洗牌，竞争将日趋激烈。多家快递公司上市融资，以确保企业在未来的竞争中获胜。

事实上，借助资本市场的力量，可以使物流快递公司有更多的资金扩大自身规模，完善自身服务链，拓展新的市场。

（1）现在国内的很多物流快递公司的内控和管理体系都不是特别规范健全。例如，很多物流快递公司都是加盟模式运营，加盟商的良莠不齐让物流快递公司没有办法投入资金去进行技术革新。资本的介入或许能够帮助物流快递公司更好地规范管理，同时提高利润率。

（2）引入资本加强物流快递公司与自建物流体系的电商平台之间的物流之争，也能够为物流快递企业输血并增强其竞争力。由于一般快递企业的物流平台远不及苏宁、京东、阿里等电商自建的物流平台，后者可以通过快递亏损来抢占市场份额，而物流快递公司则难以招架，急需通过资本运作来补充血液，或者引入更多社会资本抵御市场竞争攻势。物流快递公司上市后，在完善自身服务上有更多的投入，服务水平将有进一步提高，与自建物流体系的电商平台形成强有力的竞争，并且给其他没有自建物流的电商平台和第三方卖家更多高质量的物流选择。

五、企业联盟化

1. 菜鸟网络

菜鸟网络宣布将联合物流合作伙伴组成菜鸟联盟，推出当日达、次日达、橙诺达等产品，并承诺“说到就到、不到就赔”。菜鸟联盟 5~8 年的愿景是，服务 1 000 万家企业，每年配送 1 000 亿个包裹。为了号召商家加入其体系，阿里宣布拿出 10 亿元作为补贴，曾经较为低调的菜鸟开始着力提升品牌认知度。物流确定性比速度更重要，需要用产品化服务满足更多需求。2007~2017 年电商包裹量从每年 8.6 亿元增加到 206 亿元。网购零售额在 2015 年达到 3.8 万亿元，超过零售业份额的 10%，但物流体验仍然不尽如人意。菜鸟对 4 000 名消费者进行调研显示，他们不关心是快递运过来还是落地配运过来，有 56%认为“太不准了，不知道什么时候到”，25%的消费者认为“将快递送上门的人员服务态度不好”，50%的消费者认为“想要寻找好的物流服务”。

物流服务的确定性比速度更加重要，菜鸟网络希望利用科技和数据赋能物流伙伴，创造出更多物流产品和场景，形成统一品牌和标准，最终提升端到端的供应链效率，以提升体验。菜鸟网络实现从前端下单到运输配送，再到收货售后的全局优化，端到端的全链路优化，最终给消费者带来“说到就到”的确定性体验。具体而言，菜鸟联盟推出当日达、次日达、橙诺达（预定时间）、上门去推、夜间配送、开箱验货等服务，2015 年已覆盖 150 个城市和 10 000 个品牌。通过菜鸟联盟执行的订单皆可在淘宝系电商产品中展露出来。2018 年有 12 个城市开通了当日达服务，在天猫超市、美妆、小店品类上推出了 90 个城市的次日达服务，在 11 个城市推出了夜间配送和预约配送的服务。消费者在天猫网购时，如果看到带有“当日达菜鸟联盟”和“次日达菜鸟联盟”特殊标识的商品，这意味着如果在当日 11 点前下单，商品当天就可以送达，如果在 16 点前下单，则第二天可以送达。在我国电商爆发式发展下，国内物流企业 2015 年配送包裹数量是 206 亿个，价格不到美国的 1/4，但我们的平均时效是 3.6 天，美国则是 3~8 天，因此我们在时间效率上有优势。但同时，行业内存在低效、同质、分散、混乱的状况，虽然电商自营物流看似可以做到高效，但这种模式成本很高，侵蚀了大部分利润，需要靠补贴维持。而且，该模式如果面对每天 200 万个订单就需要 11 万名快递员，完全不适应电商经济爆发式增长的趋势。

电商的下一个 10 年，关键是看物流，而且还是看靠谱的物流。现在的物流是网状体系，而非沃尔玛、宝洁等企业的线型自有供应链体系，菜鸟联盟希望成为输出标准、让物流服务升级的组织。在这个组织中，菜鸟网络负责基础设施构建（如仓配网络、电子面单），开放数据串起网状供应链，通过云计算节省成本、提升计算能力，在天猫平台上做服务表达、服务背书（菜鸟联盟将拿出大量资金对配送不准确的订单赔付），为商家提供云客服。合作伙伴要做好内部的数据化管理及内部精细化的运营，从原来的网络做出分层服务（如仓配和快递的共生、包容），做好服务的确定性。

为了鼓励商家选择菜鸟联盟，推动优质物流服务常态化，菜鸟网络拿出 10 亿元作为联盟启动基金。菜鸟联盟打造的任何服务背后都是一个整体，各家合作伙伴在其中分担不同职能，需要根据自身的特点，突出优势部位，协同作战，形成有机结合、优良的生态系统。菜鸟联盟的组建，是通过大数据和协同把整个行业的物流服务水平提上去的，既让消费者和商家获益，也帮助物流行业实现整体繁荣。菜鸟联盟是一个开放的组织，只要物流合作伙伴致力于为消费者提供靠谱的物流服务，都被欢迎加入这个联盟。提前与菜鸟联盟合作的商家，将享受较大幅度的服务价格优惠。菜鸟联盟的服务还将有统一的客服，消费者投诉更便捷。如果菜鸟联盟不能兑现服务承诺，买家将获得赔偿。

菜鸟联盟希望基于数据、协同让一切变得智能，需要落实三件事。

（1）智能分仓：为了做到 24 小时必达，需要把库存提前放到距消费者近的地方，核心是通过数据判断智能分仓，会有一整套供应链的算法帮助商家分析消费者的数据，做提前的预测，对于消费者的分布和库存做智能的匹配。

（2）大数据路由：从最初单点发全国的模式演化到多地分仓的模式之后，整个网络的复杂程度呈几何纬度上升。菜鸟网络通过全国最全的地址库，以及高德地图提供的数据算法和支持，可以帮助商家在复杂的网络中做最好的路由选择。菜鸟网络已经匹配了 600 多万条线路，自动优化并监控到链路。同时基于对消费者的连接，对异常进行主动监控，帮助商家更快速地处理这些异常，降低潜在的客户投诉率。

（3）协同：仓库都是由合作伙伴完成的，菜鸟网络不做自建的网络，它让每个人做最擅长、最有能力的事情，以取长补短，形成完整的供应链，有效发挥网络的能力。菜鸟网络会整合天猫、淘宝、B2B、蚂蚁金服、高德地图等资源，甚至菜鸟内部的仓配网络，末端的菜鸟驿站、快递网络及农村物流各个板块的协同也能发挥更大的作用，帮助商家渠道下沉，扩大消费者覆盖面，提高整体效率。在此之前，菜鸟网络曾和不同商家展开试点服务。一组数据显示，经过菜鸟网络赋能的商家，物流效率获得了提升，如威露士的物流成本下降了 25%，御泥坊的物流时效提升了 30%。海信透露，在销售规模大幅增长的情况下，其库存总量下降了 30%。

2. 丰巢

2015 年 6 月 6 日，顺丰、申通、中通、韵达、普洛斯 5 家物流公司宣布投资 5 亿元成立深圳市丰巢科技有限公司（以下简称丰巢）。其中，顺丰持股 35%，申通、中通、韵达各持股 20%，普洛斯持股 5%。丰巢致力于研发运营面向所有快递公司、电商物流使用的 24 小时自助开放平台——“丰巢”智能快递柜，以提供平台化快递收寄交互业务。

丰巢初期投资 5 亿元，创始股东具备逾 20 年的物流快递服务经验，在国内拥有超过 87 000 个服务网点，85 万名一线配送人员每日递送全国 50%以上的快件。据介绍，“丰巢”智能快递柜 2015 年完成我国 33 个重点城市过万网点的布局，并与万科物业、中航地产、中海物业等地产物业核心企业合作，共同打造在“互联网+政策”基础上的新型智能快件柜服务市场。目前完成的“丰巢”智能快件柜产品设计已覆盖物流快递、社区服务、广告媒介等领域，并通过移动终端实施自助操作和安全保障。统一标准的设施和营运方式可以被迅速复制和进行众包管理。

六、总结

未来电商物流业有五大发展趋势。

趋势一，智能化。智能分拣、机器人、无人机、智能快递柜在物流行业的快速发展和应用，提高了行业智能化水平，也提高了行业运作效率。

趋势二，数据化。利用大数据实现智能分单，降低信息处理的成本，提高信息处理效率。

趋势三，联盟化。形成物流企业联盟，共同解决发展中的问题，典型的有丰巢、菜鸟网络。

趋势四，分享化。共享经济被视为下一个 10 年的商业模式，在物流行业有很好的体现，众包物流、货运 O2O 的快速发展，有利于降低空载率、道路使用率，提高卡车利用率，充分利用社会闲散资源为行业发展所用。

趋势五，资本化。顺丰、申通、圆通、德邦、中通已成功上市，全峰、宅急送等纷纷提出上市计划，争夺快递上市第一股。

■ 案例分析

全家等日本便利店

1974 年，日本第一家便利店（7-Eleven）在东京一间小小的家传酒坊里开始营业。时至今日，像这种面积在 60~200 平方米，全年 24 小时营业的便利店已经遍及全日本，总数超过 56 000 家，平均每百万个日本民众拥有 388 家便利店，在我国，这个数字是 54。

而在便利店最为密集的东京，便利店数量超过 5 700 家，平均每 10 万人拥有 49 家便利店。

引起我们注意的还有另一组数据：2014 年日本便利店的国内市场规模首次超过了 10 万亿日元，远超百货商场和药妆店 6 万亿日元的规模，仅次于超市（18 万亿日元）。其中 7-Eleven 的销售额为 4 万亿日元，全家以近 2 万亿日元的销售额首次超越罗森位列第二，前三名便利店销售总额占据了日本 80%的市场份额。

便利店在日本提供的服务，从最开始的 24 小时营业，到支付水费、电费、煤气费，甚至是保险、税金等各类非公共事业费，以及开设 ATM（automatic teller machine，自动柜员机）、收发快递，再到现在的送货上门，日本便利店几乎把“便利”做到了极致。

在我国，年轻人是便利店的主要消费人群，而在日本，覆盖的则是各个年龄层。“少子老龄”的趋势使得便利店推出了很多针对老年人的服务，全家、7-Eleven 都开设了送货上门的服务。

参考文献

[1] 禹偶然. 转型经济下我国电子商务发展趋势研究[J]. 中国集体经济，2015，(21)：16-17.
[2] 崔忠付. 我国电子商务物流发展的新趋势[J]. 物流技术与应用，2016，21(7)：50-51.
[3] 胡坚，毕红秀. 电商物流发展及其运作模式分析[J]. 物流技术，2015，34(13)：32-34.
[4] 杨谨瑜. C2C：一种新型电商模式的困境及突围路径[J]. 社会科学家，2017，(8)：79-83.
[5] 郭燕，王凯，陈国华. 基于线上线下融合的传统零售商转型升级研究[J]. 中国管理科学，2015，23(1)：726-731.
[6] 刘蕙. 菜鸟网络商业创新模式研究[J]. 商业研究，2017，59(1)：19-26.
[7] 刘伟. "菜鸟"或加速快递业洗牌[J]. 中国物流与采购，2013，(12)：36-37.
[8] 王彬彬. 电商环境下仓储中心的储位分配策略研究[D]. 山东大学硕士学位论文，2015.
[9] 陈娟. 基于 SLP 方法的钢铁物流园区平面布置规划[D]. 武汉理工大学硕士学位论文，2009.
[10] 徐文静. 电商环境下协同配送模式的协同效率及成本节约值分配研究[D]. 西南交通大学硕士学位论文，2016.
[11] 房少文. 蔬果电商同城配送模式选择研究[D]. 长安大学硕士学位论文，2016.
[12] 何黎明. 汇聚全球力量共建冷链生态圈[EB/OL]. http://www.lenglian.org.cn/news/2017/24655.html，2017-07-12.
[13] 郑伦. 是谁在主导生鲜电商市场的沉浮？[J]. 中国科技财富，2016，(6)：72-73.
[14] 多多少. 从业者自述：生鲜电商的九大逻辑，每个都决定"生死"[EB/OL]. http://www.tmtpost.com/2541166.html，2016-12-07.
[15] ACCC 农产品冷链委. 公铁联运：美国冷链物流是如何做到无缝衔接的[EB/OL]. http://www.sohu.com/a/222269877_100012649，2018-02-11.
[16] 李道成. 黑龙江省农产品冷链物流模式研究[D]. 东北农业大学硕士学位论文，2016.
[17] 邓泷. 基于直销模式的城市农产品冷链物流配送模式研究[D]. 东南大学硕士学位论文，2015.
[18] 邢芳. 农产品冷链物流系统标准化建设研究[J]. 南方农业，2014，19(3)：4-37.
[19] 夏山峰. 电商物流密集仓储库房布局规划与主要装备设计研究[D]. 齐鲁工业大学硕士学位论文，2015.
[20] 程曼. 中美冷链物流对比[R]，2017.
[21] 徐英奇. 生鲜电商供应链与物流建设的现状与趋势[J]. 技术与应用，2016，21(7)：96-100.
[22] 郑彤彤. 国外典型国家农产品冷链物流发展现状与启示[J]. 中国商论，2017，(30)：11-12.
[23] IT 时代周刊. [硅谷消息]不烧钱咋玩？看看 GrubMarket 怎么在硅谷做生鲜电商[EB/OL]. http://www.sohu.com/a/124957569_465447，2017-01-22.
[24] 李妮. 农村电商的商业模式及发展探讨[J]. 中国商论，2018，130(2)：74-75.
[25] 周芳. 互联网+背景下农村电商物流模式创新[J]. 物流工程与管理，2018，69(6)：33-39.
[26] 何黎明. 中国智慧物流发展趋势[J]. 中国流通经济，2017，31(6)：3-7.
[27] 曹鹤婷. 智慧物流系统的分析与设计[J]. 移动通信，2014，(21)：33-37.
[28] 王继祥. 物联网发展推动中国智慧物流变革[J]. 物流技术与应用，2010，15(6)：30-35.
[29] 曹鹤婷. 智慧物流系统的分析与设计[J]. 移动通信，2014，(21)：33-37.
[30] 李路. 亚马逊仓储试用机器人[J]. 新浪科技，2013，34(8)：37-41.

科学出版社

教师教学服务指南

为了更好服务于广大教师的教学工作，科学出版社打造了“科学 EDU”教学服务公众号，教师可通过扫描下方二维码，享受样书、课件、会议信息等服务。

样书、电子课件仅为任课教师获得，并保证只能用于教学，不得复制传播用于商业用途。否则，科学出版社保留诉诸法律的权利。

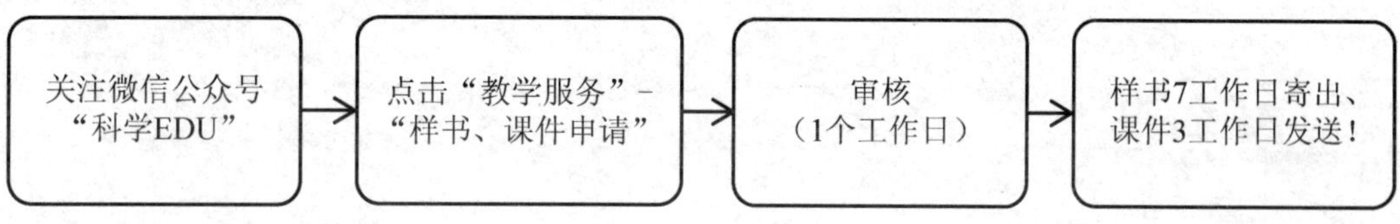

科学 EDU

关注科学EDU，获取学科资源、助力教学

面向高校教师，提供优质教学、会议信息

分享行业动态，关注最新教育、科研资讯

学生学习服务指南

为了更好服务于广大学生的学习，科学出版社打造了“学子参考”公众号，学生可通过扫描下方二维码，了解海量经典教材、教辅信息，轻松面对考试。

学子参考

面向高校学子，提供优秀教材、教辅信息

分享热点资讯，解读专业前景、学科现状

为大家提供海量学习指导，轻松面对考试

教师咨询：010-64033787　QQ：2405112526　yuyuanchun@mail.sciencep.com

学生咨询：010-64014701　QQ：2862000482　zhangjianpeng@mail.sciencep.com